新\时\代\中\华\传\统\文\化
▪知识丛书▪

中华人文古迹

主编◎李燕 罗日明

海豚出版社
DOLPHIN BOOKS
中国国际传播集团

图书在版编目（CIP）数据

中华人文古迹 / 李燕 , 罗日明主编 . -- 北京 : 海
豚出版社 , 2023.3
（新时代中华传统文化知识丛书）
ISBN 978-7-5110-6273-4

Ⅰ . ①中… Ⅱ . ①李… ②罗… Ⅲ . ①名胜古迹 — 中
国 — 通俗读物 Ⅳ . ① K928.7-49

中国国家版本馆 CIP 数据核字（2023）第 028174 号

新时代中华传统文化知识丛书

中华人文古迹

李　燕　罗日明　主编

出 版 人	王　磊
责任编辑	梅秋慧　潘金月
封面设计	郑广明
责任印制	于浩杰　蔡　丽
法律顾问	中咨律师事务所　殷斌律师
出　　版	海豚出版社
地　　址	北京市西城区百万庄大街 24 号
邮　　编	100037
电　　话	010-68325006（销售）　010-68996147（总编室）
印　　刷	艺通印刷（天津）有限公司
经　　销	新华书店及网络书店
开　　本	710mm×1000mm　1/16
印　　张	9.5
字　　数	81 千字
印　　数	5000
版　　次	2023 年 3 月第 1 版　2023 年 3 月第 1 次印刷
标准书号	ISBN 978-7-5110-6273-4
定　　价	39.80 元

在中国五千年的悠久历史中，一些人文古迹从很久以前流传下来，在当今世界大放异彩，震惊世人。它们各具特色，风格迥异，丰富着我们的传统文化，承载着几千年来我们中国人的文化寄托。

人文古迹是一个国家、民族、地区历史文化的反映，是我们研究和了解国家和民族历史文化、感受民族情感的重要实物资料。

中国地域辽阔，从南到北，不同的生活环境、不同的民族风情、不同的地域特色，形成的古迹文化也不一样，每个城市都有其独有的人文古迹。当我们走进一座城市，触摸那些承载着古老记忆的人文古迹，挖掘其中的文化内核，感受其中的古典之美，仿佛和千年之前的古人有了一种莫名的连接，一场跨越千年的旅程正在开启。

人文古迹的存在意义对于我们非同一般。它们向世界展示了我们文化的多样性，帮助世人更加客观、更加理性地评价各种史实，因此对它们的保护十分重要。

保护人文古迹是提升国家文化软实力的需要，也是传承、传播中华民族优秀传统文化的需要，不但有利于增强中国文化的国际影响力，促进中华文化的繁荣发展和进步，而且能增强各民族对文化的认同和对其他民族文化的理解，促进民族平等团结，增强民族凝聚力，使我们对祖国产生强烈的认同感和归属感。

虽然我们都知道要保护人文古迹，但是生活中导致人文古迹遭到破坏的行为比比皆是，比如乱刻乱画、乱扔垃圾、随意砍伐树木、开发房产等。这些行为看似只是不经意的一件小事，却给人文古迹带来不可挽回的伤害。

为了让人们更好地承担起传承和发扬中华民族优秀传统文化的重任，更好地了解中华人文古迹，丰富人们的知识，我们特意策划了本书。

本书按照不同类型挑选出近四十处人文古迹作为代表，进行了简单的介绍，主要包含宫殿园林、民宅、重大工程、文化经典、宗教圣地、帝王陵墓以及少数民族遗产等七大类。编者以通俗易懂的语言、简单明了的描述，将中华人文古迹的知识介绍给大家。

希望通过阅读本书，大家能够加深对于中华人文古迹的了解，更好地继承和弘扬中华优秀传统文化，成为中华优秀传统文化的传承者和弘扬者！

目　录

第五章　文化经典

第六章　佛教圣地

第一章

中华人文古迹知多少

一、什么是中华人文古迹

许多人都曾经去过很多地方游玩，也参观过很多著名的景点，那么你知道到底哪些景点算是人文古迹吗？我们国家的人文古迹又有哪些呢？

人文古迹是古代人们在日常生活中为了满足物质和精神等方面的需求，主动建造并赋予其一定文化特质的历史文化遗物或遗迹，包含古典建筑、重大工程、古代园林、帝王陵寝等，它们都带有鲜明的历史烙印和民族地域特色，是人类文化遗产、物质财富和各种人文现象的总和。

我们国家历史悠久、源远流长，在数千年的发展中，古人为我们留下了很多人文古迹。这些人文古迹不仅是当时政治、历史、经济、文化、生活等方面的真实写照，更承载着当时人们的思想观念和美好愿望，其中蕴含的意义非同一般。

恢宏大气的故宫、精美绝伦的圆明园和颐和园，古色古香的平遥古城、充斥着鬼怪传说的丰都鬼城，绵延万里的长城、栩栩如生的秦始皇陵兵马俑、延续千年的都江堰、世界最古老的运河京杭大运河，中国古代最高学府国子监，赫赫有名的佛教四大石窟，神秘危险的秦始皇陵、天下名陵唐昭陵，世界屋脊上的明珠布达拉宫……这些人文古迹分布在全国各地，具有不可忽视的历史价值。透过它们，我们仿佛能够穿越时空，与古人来一场跨越千年的对话。

当然，人文古迹的作用远不止于此。人文古迹蕴含深厚的文化底蕴，经常参观人文古迹，可以潜移默化地影响我们的世界观、人生观和价值观，丰富我们的精神世界，使我们牢记历史，以史为鉴。

时间在一天天地流逝，历史也在离我们远去。当我们不想忘记历史，想要借助载体去重拾古代的那些记忆时，这些留存下来的人文古迹就成了后人认识过去、怀念过去的唯一实物。如

长　城

果不好好加以保护、整理、修葺或重建，这些"历史的见
证者"就会随着时间的流逝逐渐消失在历史的长河中，到
那时，即使我们再怎么努力，也没办法再现历史的真实面
貌了。

因此，中华人文古迹是我们中华民族世世代代的共同
遗产，需要我们共同去守护！

二、从地图上看中华人文古迹

我们中国有5000多年的历史，是世界四大文明古国之一，文化博大精深，遗留下的人文古迹数不胜数，享誉中外。目前，我国有很多人文古迹已经被列入《世界遗产名录》，让我们从地图上看看这些人文古迹都分布在哪些地方吧！

首先，我们来看华北地区。华北地区在行政区划上包含北京、天津、河北中南部、山西和内蒙古中部。

北京是我们祖国的首都，是全国政治、文化、科技中心，历史上，燕、辽、金、元、明、清等都曾在这里建都，具有非常丰富的人文古迹遗产。北京有世界上规模最大的宫殿建筑群故宫、皇家园林圆明园和颐和园、祭天之地天坛、世界上最大的四合院恭王府、皇家陵墓群明十三陵、古代最高学府国子监等。河北是燕赵之地，拥有承德

避暑山庄、清东陵和清西陵等文化遗产；山西素有"中国
古代文化博物馆"之称，中国四大佛教雕刻石窟之一的云
冈石窟，以及中国四大古城之一的平遥古城等都位于
山西。

其次，我们来看华中地区，
河南、湖北、湖南等地都属于华
中地区。河南境内人文古迹众
多，"天地之中"历史建筑群、
中国最早的佛教寺院白马寺以及
皇家寺院大相国寺、龙门石窟等
都位于河南。湖北在战国时期是
楚国辖地，这里发展了灿烂辉煌
的楚文化，著名的黄鹤楼、武当
山古建筑群等都在这里。湖南有

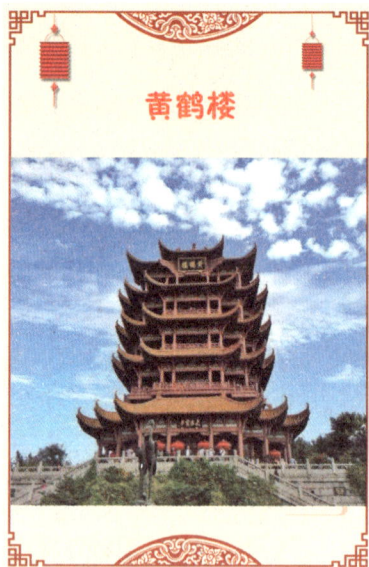

黄鹤楼

千年弦歌不绝于耳的岳麓书院、岳阳楼以及凤凰古城等人
文古迹。

接下来我们来到华东地区，华东地区主要包括上海、
浙江、江苏、安徽、山东等地。上海是我国最大的金融中
心，坐落在这里的豫园是典型的明式园林，古典中透着江
南的秀美。浙江素有"文化之邦"的美誉，这里有世界上
最古老的京杭大运河和中国佛教古寺灵隐寺。江苏是我国

古代文明的发祥地之一，明孝陵、寒山寺等人文古迹就坐落于此。山东是儒家文化的发源地，有"孔孟之乡"之称，山东曲阜的孔庙、孔府、孔林是无数儒客不远万里朝圣的场所。

我们再来看西南地区，西南地区包括四川、重庆、云南、贵州以及西藏。四川古称巴蜀，人称"天府之国"，拥有中国最伟大的水利工程都江堰、中国最大的摩崖石刻乐山大佛、文化圣地杜甫草堂等。重庆三面环山，是巴渝文化的发祥地，"幽都"丰都鬼城就坐落于此。贵州地处云贵高原，是中国古人类的发祥地之一，拥有西江千户苗寨等古迹。西藏地处青藏高原西南部，是世界上海拔最高的地方，有"世界屋脊"之称，这里不仅有美丽的自然风光，还有辉煌壮丽的人文古迹大昭寺、布达拉宫等。

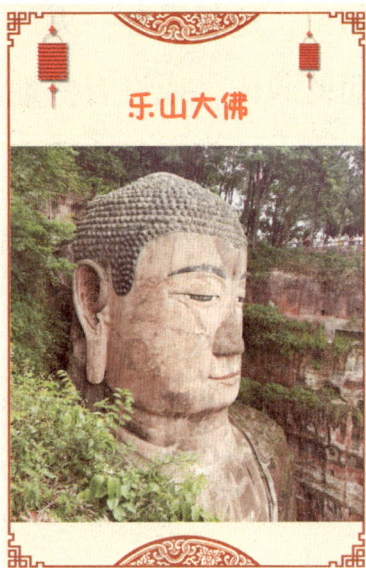

最后我们来看西北地区，西北地区包含陕西、宁夏、青海、甘肃、新疆以及内蒙古西部等地。世界第八大奇迹秦始皇陵兵马俑就位于陕西，千佛之洞敦煌莫高窟和有

"东方雕塑艺术陈列馆"称号的麦积山石窟都位于甘肃。

除了上述地区，华南地区、东北地区也有许多人文古迹，比如辽阳白塔、靖江王城等。此处不再一一介绍。

中华民族的悠久历史在这片神州大地上留下了永久的印记，造就了独一无二的美景，这些人文古迹都是中华文明的载体。或许有些地方你去过，也或许有些地方你尚未到过，这都不影响我们追寻历史的足迹，去感受其中蕴含的深意！

三、古诗词中的中华人文古迹

　　我们从小到大都在学习古诗词，这些古诗词大都是诗人根据自身的经历所作。很多人文古迹因他们的诗词而闻名天下。今天，就让我们跟随诗人的脚步，看一看那些古诗词中的人文古迹吧！

　　古诗词自古以来便是人们抒发情感的一种方式，不同的诗人写出的诗词因其境遇不同、所览之景不同，呈现出不同的意境和韵味。俗话说："美景难觅，佳作难寻。"当美景与佳作相遇并相互碰撞，便会擦出不一样的火花，让我们对人文古迹之美欣赏得更加透彻。

　　"白日依山尽，黄河入海流。欲穷千里目，更上一层楼。"太阳依傍山峦渐渐落下，黄河向着大海奔腾而去。如果想要览尽千里的风景，那么就请你再登上一层高楼吧！

　　这首来自唐代著名诗人王之涣的《登鹳雀楼》，其中的最后一句既具有诗的灵气又具有深刻的哲理，深受世人赞誉，也正是因为这首诗，一直名不见经传的鹳雀楼得以名扬四海。鹳雀楼最初建于北周时期，原名鹳鹊楼，现位于山西省永济市蒲州古城西面。当年黄河改道致使鹳雀楼被冲毁，中华人民共和国成立后，政府重新修建了鹳雀楼，这才使我们现在能够再次登上鹳雀楼，登高望远，体验王之涣当时的心情。

"月落乌啼霜满天，江枫渔火对愁眠。姑苏城外寒山寺，夜半钟声到客船。"月亮慢慢落下，乌鸦啼叫着，寒气充满了天地，"我"对着江边的枫树和渔火忧愁难眠。姑苏城外那寂静清冷的寒山古寺，半夜里敲钟的声音传到了"我"的客船。

这首来自唐代诗人张继的《枫桥夜泊》，精准细腻地描绘出月落乌啼、霜天寒夜、江枫渔火等景象，寥寥几句既有景又有情，将自己的羁旅之思、家国之忧描写得淋漓尽致。诗中所说的寒山寺是唐贞观年间（627—649年）所建，是中国历史上十大名寺之一，现位于江苏省苏州市姑苏区，寺内不仅有石刻像，还有书法家文徵

明、唐寅的碑文残片等。

"凤凰台上凤凰游，风去台空江自流。吴宫花草埋幽径，晋代衣冠成古丘。三山半落青天外，二水中分白鹭洲。总为浮云能蔽日，长安不见使人愁。"凤凰台上曾经有凤凰来过，凤凰离开，台子空了，只有江水依然在东流。吴宫的鲜花芳草埋没在荒凉的小径中，晋代多少皇族已成古丘。三山在云雾中若隐若现，像是落在青天之外，秦淮河被白鹭洲分成两条河流。奸臣当道如遮天蔽日，"我"望不见长安，心中常有忧愁。

这首《登金陵凤凰台》是诗仙李白为数不多的七言律诗，是当年他南游金陵时所作。诗中的"凤凰台"就位于现在南京市凤台山上。

除上述几首诗外，与人文古迹有关的古诗词还有很多，如李白的《早发白帝城》、崔颢的《黄鹤楼》、欧阳修的《醉翁亭记》、范仲淹的《岳阳楼记》、王勃的《滕王阁序》等。中华文化博大精深，内涵丰富，诗词中有天地，诗词的美和人文古迹的美相辅相成，诗美景更美。

四、保护中华人文古迹人人有责

随着时代的发展，我们越来越重视对人文古迹的修葺和保护，但是受战争、自然灾害、人为破坏等因素的影响，很多珍贵的人文古迹还是遭到了破坏，让人既愤怒又惋惜。

据相关报道，每年因为战争、自然灾害、人为疏忽等导致人文古迹被破坏的案例数不胜数。无数的人文古迹在这之中销声匿迹，即使我们试图重建，也无法恢复其原貌。

在众多因素中，不文明的旅游行为也是人文古迹被破坏的因素。在日常旅游时，我们经常能在景区看到有人随地吐痰、扔垃圾和废弃物，无视禁烟标志吸烟，在人文古迹建筑上乱写乱画等。这些不文明的行为不仅使古迹本身遭到了破坏，而且给它的生存环境带来了严重影响。其中破坏最严重的案例要数"千佛之洞"敦煌莫高窟了。

敦煌莫高窟作为佛教的艺术圣地，现有 735 个洞窟，里面的雕像以菩萨、天王、佛等形象为主，是佛教艺术的经典之作。但就是这样一处著名的人文古迹，曾有专家预言，其中的壁画将会在几十年内完全消失。除了自然原因，人为的破坏也是其被损坏的原因。敦煌莫高窟开放参观以后，每年都会有成千上万的游客前来观光，他们带来的热气、湿气、废气，以及用手触摸等行为，都在一步步加快洞内壁画的脱落速度。因此，为了将破坏程度降到最低，敦煌莫高窟管理局开始限制每日的游客数量和游览时间。

敦煌莫高窟只是千千万万人文古迹中的一处，它的破坏不是个例。我们是中华优秀传统文化的传承者，是中华民族的守护者，要牢记保护中华人文古迹的责任和义务，从我做起，从身边小事做起。

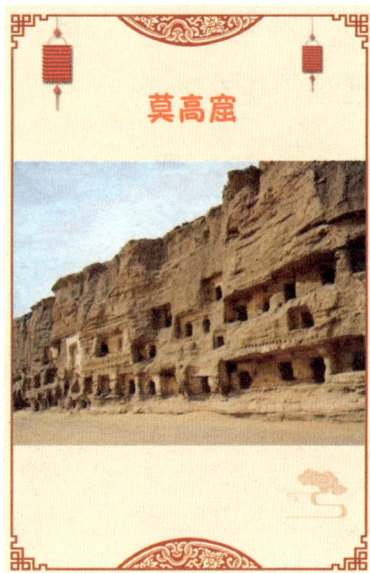

莫高窟

那么，面对"脆弱"的人文古迹，我们怎样才能更好地保护它们呢？

首先，我们要自觉地加入宣传人文古迹价值、发掘人文古迹文化内涵、保护人文古迹的队伍中，让更多人了解人文古迹存在的价值和意义，尤其要向身边的亲人朋友宣传正确的文物保护理念和知识。

其次，我们要多去人文古迹所在地进行参观，亲自体会保护人文古迹的责任感，并将它传递给身边的人。

再次，我们要从自身做起，不乱刻乱画，不随意攀爬人文古迹，更不能寻宝盗宝，遵守文物单位制定的规章制度。

最后，我们要做人文古迹的守护者，看到有损人文古迹的行为要及时加以制止或举报。

只要我们人人都贡献一点力量，人文古迹的辉煌就会延续得更久！

五、游览人文古迹，争做传统文化传承人

我国的人文古迹经过上千年的洗礼，始终屹立不倒，它们仿佛是一位位慈爱的长者，在和我们静静地诉说着千百年来的历史。当我们身处其中，再浮躁的心也能被悄悄抚平，这就是人文古迹的魅力！

现在社会发展越来越快，人们生活娱乐的花样也越来越多，游乐场、大型商场、电影院等场所占据着我们的生活。即便出去旅游，很多人也喜欢选择那些山水秀丽的地方，而对那些人文古迹，往往觉得没什么意思，认为只是房屋建筑而已，粗略地看两眼便失去了再看的欲望。这其实跟我们不了解其中蕴含的历史有很大的关系。

人文古迹是古代劳动人民智慧的结晶，充满浓厚的中华文化气息，且蕴含着大量的历史信息。无论哪一处人文古

迹都是在当时的社会背景下产生的，展现了当时的政治、经济、文化、思想观念，是我们研究历史的重要材料。

我们不妨去各处人文古迹及周边游览一番，亲眼看看那精美的一屋一檐、一砖一瓦，感受那相隔千年留下的美好印记。多游览人文古迹能够让我们受益颇多：

第一，我们可以通过这些人文古迹更加直观地了解历史，并在这个过程中不断加深对历史的认识。

第二，可以提高我们自身的文化素养，提升文化品位，在游览中增长见识、开阔眼界。只有不再局限于眼前的一小片天地，我们才能更好地面对更大的人生舞台。

第三，可以帮助我们树立传承传统文化的理想，培养爱国情操，增强爱国意识。看到这些巧夺天工的人文古迹，我们会为中华优秀传统文化感到自豪，有利于增强我们的民族自豪感和自信心，更会在无形中增强我们的民族凝聚力。

第四，可以激发我们的聪明才智。我们游览这些人文古迹，会被其中的精巧设计所震撼，而与之相关的历史经验教训则会引发我们的思考，引导我们以史为鉴，少走弯路、少受挫折，令未来的人生道路更加顺利。

因此，我们要经常游览人文古迹，争做传统文化的传承人，将中华民族的传统和历史文化一代一代传承下去！

第二章

宫殿
园林

一、雄伟大气的帝王宫殿：故宫

提到我们国家的首都，大家最先想到的人文古迹是什么呢？相信很多人的第一反应就是位于其中心位置的故宫！无论岁月如何变迁，朝代如何更迭，也不管皇位上的人是谁，故宫都带着它的历史记忆屹立在那里，岿然不动。今天，就让我们一起来探索一下这座帝王宫殿的秘密吧！

它是中国明清两代的皇家宫殿，它是 24 位皇帝的住所和政治权力中心，它是中国古代宫殿的杰出代表，它是中国古代封建社会结束的见证者，它就是——故宫。

作为世界五大宫之首，故宫在我们每个中国人心中都有着非同一般的分量，我们对它充满了敬意和向往。

北京故宫又称紫禁城，它坐落在北京中轴线的中心，是在明永乐四年（1406 年）由明成祖朱棣下诏建造的，于

1987 年被列入《世界遗产名录》。

你知道紫禁城名称的由来吗？受天人合一理念的影响，中国古代人们在进行古城规划时，常用天上的星辰与之对应，借此说明皇权受命于天、至高无上。由于天帝住在紫微宫中，而人间的皇帝又自称"天子"，所以"紫微""紫垣""紫宫"等名称就成了天子宫殿的代名词。又因为中国古代皇宫是禁地，一般人不能随意进入，所以又称"紫禁"。到明代中后期，皇宫分内外两部分，一部分是外围禁垣，被称为皇城；另一部分是内部宫城，被称为紫禁城。

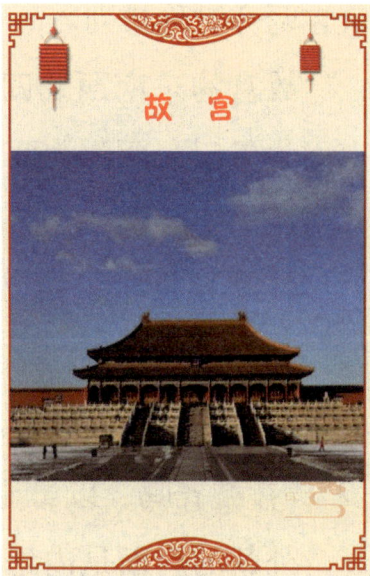

故宫的面积非常广阔，共占地 72 万平方米，建筑面积约 15 万平方米，建造历时 14 年之久。可以说，故宫是世界上现存规模最大、建筑最宏伟、保存最完整的古代皇家宫殿。

故宫整体上是按照《周礼·考工记》中"前朝后市，左祖右社"的帝都营建原则建造的。从布局上看，故宫的宫殿沿一条南北向的中轴线排列，左右对称、南北取直，三大殿、后三宫、御花园等都位于这条中轴线上，其他建筑在两旁对称排列。

故宫的东南西北四面各有一座城门，东面为东华门，南面为午门，西面为西华门，北面为神武门。紫禁城内主体由两部分组成，分别是外朝和内廷。

外朝是皇帝处理政事的地方，主要以太和殿、中和殿、保和殿为中心，一般皇帝登基、大婚、册封、出征等盛大的仪式都要在这里举行，那时成千上万的人"三呼万岁"，锣鼓齐鸣，以彰显皇家气势。

外朝的后面是内廷部分，包含乾清宫、坤宁宫、御花园、东西六宫等，是皇帝处理日常政务之处，也是皇帝、后宫妃嫔的住所。如今我们看到的宁寿宫，还曾作为清朝乾隆皇帝退位后的养老之地。

目前，有大量的宝贵文物被珍藏在故宫（现为故宫博物院）之中，截至 2021 年底，文物总数量已超过 186 万件，占全国总文物数量的六分之一，这是多么庞大的一个数字！由此，我们真的不得不感叹，故宫不愧为中国收藏文物最丰富的博物馆。

为了能够让人们更好地观看到这些历史珍宝，故宫的工作人员在一些宫殿中设立了综合性的历史艺术馆、绘画馆、分类的陶瓷馆、青铜器馆、明清工艺美术馆、铭刻馆、玩具馆、文房四宝馆、珍宝馆、钟表馆和清代宫廷典章文物展览馆等场馆，将故宫内收藏的大量艺术珍品展现给所有的游客。

　　故宫在我们的眼中，不仅仅是一座宫殿，一处历史建筑群，它更是中华文明的载体，是历史的守护者。如果有机会，请你一定要去故宫看一看，感受一下那流传千年的文化底蕴。

二、天圆地方的祭天之所：天坛

　　我们的首都有太多的人文古迹，它是世界上拥有世界文化遗产数量最多的城市，其中大大小小的古建筑遗迹更是有几百处。在这些古建筑中，有一处极为特别，它的存在代表着"皇权天授"，是古代帝王和上天沟通的场所，它就是天坛。

　　天坛，这座天国神殿，坐落于北京市的南部，东城区永定门内大街东侧，是我国著名的世界文化遗产、中国重点文物保护单位，更是我国 AAAAA 级旅游区，每年到这里参观的人络绎不绝。

　　天坛是明、清两代皇帝每年进行祭天、祈求丰收的地方。古代的人们崇拜天地，既感谢它们的养育之恩，又畏惧它们降下的自然灾害，于是便有了祭祀天地的活动。这种祭祀天地的活动在奴隶制的夏朝就有了，也正是基于这种观念和活动，后世的帝王都会称自己为天子，为皇权的合理性找到"理由"。

天坛正是因为祭祀的需要而修建的，具体的修建时间要追溯到明永乐年间（1403—1424年）。当时天地的祭祀还是合在一起的，皇帝在大祀殿中举行祭典。后来嘉靖皇帝听了大臣的建议，才决定将天、地分开祭祀，在大祀殿的南边建立圜丘祭天，在北面安定门外建立方泽坛祭地，后来圜丘改名为天坛，而方泽坛改名为地坛。

天坛是世界上最大的祭天建筑群，它整体建筑布局严谨、构造奇特、装饰瑰丽，总占地面积约273万平方米，有内坛和外坛之分，用两重坛墙隔开。坛墙是北圆南方的设计，对应着"天圆地方"的说法。

如今我们所说的天坛是圜丘、祈谷两坛的总称，主要的建筑物都在内坛之中，包括圜丘坛、皇穹宇、祈谷坛、祈年殿、皇乾殿、七十二连房、斋宫、南神厨院、神乐署等，其中祈谷坛在北，主要是用于祈求丰收，圜丘坛在南，主要是用于祭天，两坛中间有墙隔开。南北两组建筑

天坛

物由一条贯穿南北的甬道丹陛桥连接。外坛有大量的古柏环绕着内坛，远远看去，衬得整个建筑群更加庄严宏伟。

这里主要介绍一下古代冬至举行祭天大典的场所——圜丘坛。圜丘坛的主要建筑有圜丘、皇穹宇及配殿、神厨、三库及宰牲亭，其他的附属建筑还有具服台和望灯等。明代时，圜丘还是三层的蓝色琉璃圆坛，到了清乾隆年间（1736—1796年），就变成艾叶青石台面和汉白玉柱栏的样式了。圜丘坛是圆形的，象征着天，共有三层，每层四面都有九级台阶，最上层的中心位置是一块圆石，在外面有扇形的石块九圈，最内圈的石块有九块，然后以九的倍数依次向外面延展。不仅如此，就连栏板和望柱的数量也都用九或者九的倍数，象征天数。燔柴炉用于焚烧祭祀上天的供奉之物，一般被安置在圜丘坛外墙内的东南位置。

除了建筑和植物外，天坛内部还有回音壁、三音石和对话石等巧妙的设计，它们的建造充分利用了声学原理，向后人展现了中国古代高超的建筑工艺。如果你有机会进去体验一番，也一定会赞叹古人的智慧。

时至今日，天坛所代表的传统封建礼制已经随着时代的变迁离我们远去，但是天坛所代表的文化却永远是我们中华传统文化的重要组成部分。

三、万园之园：圆明园

有"万园之园"之称的圆明园，拥有无数亭台楼阁、奇珍异景、秀丽山水，却在清咸丰十年（1860年）被一群强盗在一夜之间洗劫一空，随之而来的大火更是将它焚烧殆尽，只留下断壁残垣。让我们穿越时空回到那个年代，重新感受它的辉煌。

圆明园是中国清代的大型皇家园林，现位于北京西北部的海淀区，总占地面积约3.5平方千米，规模之宏大、景色之秀丽，极为罕见。圆明园将各种园林风格融汇一身，不仅是"万园之园"，还有着"一切造园艺术的典范"的美誉。

圆明园始建于清康熙四十六年（1707年），由康熙帝亲自命名，赐予当时还是皇子的雍正帝。"圆明"二字寓意着"圆而入神，君子之时中也；明而普照，达人之睿智也"。"圆"字代表希望园子的主人品德圆满、远超常人；"明"字代表希望主人政治业绩光明普照、完美明智，这是当时封建社会对明君最理想的标准。

雍正帝登基后的第二年，圆明园开始扩建，在这个时期圆明园的基本格局完成。到了乾隆时期，乾隆帝又在园内增加了建筑组群，并兴建了长春园和绮春园，和圆明园统称"圆明三园"。

到了清代中期，园内又增建、改建很多建筑，著名的有"圆明园四十景"、紫碧山房、藻园、若帆之阁、文源阁等，悬挂匾额的主要园林建筑更是不下五百座，真不愧为皇家园林之冠，着实让人惊叹！

圆明园的造景多以水为主题，后湖景区环绕后湖建造了九个小岛，象征九州；西部的万方安和房屋建在湖中，冬暖夏凉，雍正帝格外喜欢在此居住；北部的水木明瑟引水入室转动风扇，带来一室凉爽，乾隆帝特别喜欢在此消暑。园内整体的建筑风格仿建了很多江南的名园美景，殿、堂、亭、台、楼、阁、榭、廊、轩、斋、房、

舫、馆、厅、桥、闸、墙、塔等建筑，甚至道观、街市都涵盖其中，各种建筑样式丰富无比。

除了美丽的建筑景观，圆明园内还有很多珍稀的动植物。除了松、竹、柳、荷、梧桐、侧柏、国槐、枫树、海棠等百余种乡土花草树木外，当时还引进了五台山的金莲花、新疆的桑树等二十多种树木花卉，而园内还饲养了白猿、麋鹿、朱鹮、仙鹤、孔雀、天鹅以及五色锦鲤等珍禽异兽。

此外，圆明园还是一座皇家博物馆，其中的无价之宝数不胜数，从历朝历代的书画古籍、金银珠宝到精美瓷器，无一不是价值连城的精品。

可就是这样一座艺术珍品的宝库，却遇到了凶狠的强盗们。随着英法联军对圆明园的抢劫破坏，大量的宝物被毁坏或抢走，最后一场大火吞没了这里。1900 年，八国联军侵占北京，圆明园再次遭到重创，只留下满目疮痍。这是多么残酷的暴行啊！

中华人民共和国成立后，政府非常注重对圆明园遗址的保护，在国家的大力支持下，圆明园遗址公园得以建成。时至今日，我们已经可以进到圆明园遗址公园进行参观了。

作为中国人民智慧和汗水的结晶，圆明园为我们赢得过荣誉，它的毁坏让我们痛心。它是历史的见证者，它曾经的盛况美景将永远铭记于我们的心中！

四、皇家园林博物馆：颐和园

中国古典园林的美源于自然，又高于自然，它是建筑美与自然美的结合，美感在不经意间流淌，融于诗情画意之中。颐和园作为中国现今规模最大、保存最完整的皇家园林，被誉为皇家园林博物馆，它的一景一物都自有奥妙，让我们一起揭开它的神秘面纱吧！

颐和园是清代的皇家园林，位于北京西郊，现为著名的国家 AAAAA 级景区。

颐和园原名清漪园，始建于清乾隆十五年（1750 年）。那时恰逢崇庆皇太后的六十大寿即将来临，乾隆帝为了筹备大寿，以治理京西水系为借口，

下令拓挖西湖，将西山、玉泉山、寿安山的来水拦截，并在西湖的西边挖了高水湖和养水湖，将这三个湖作为蓄水库，以保证宫廷园林的用水和周围农田的灌溉用水。后来，乾隆帝将西湖更名为昆明湖，将挖湖土方堆积于西湖北边的瓮山，并将瓮山改名为万寿山。

整个清漪园的建造耗费了 15 年时间，总占地面积约 290 公顷。园内建筑构想以古代神话中的海上三仙山为主，共在昆明湖以及西侧两湖内建了三个小岛，分别是南湖岛、团城岛以及藻鉴堂岛，以此对应海上三仙山的蓬莱、方丈和瀛洲。

那么清漪园是什么时候改名为颐和园的呢？清道光年间（1821—1850 年），国力逐渐衰微，清漪园渐渐荒废。咸丰十年（1860 年），英法联军在圆明园放了一把大火，导致清漪园也在此次火灾中被烧毁。后来慈禧太后以光绪帝的名义重修了清漪园，但由于经费有限，只修复了前山的建筑群，并在昆明湖四周加固了围墙，从此清漪园改名为颐和园。

颐和园的总体建筑规划是以杭州西湖为蓝本，并同时在其中仿建了很多江南园林以及山水名胜。整个园林主要由万寿山和昆明湖两部分组成，其中水面占了大概四分之三的面积，园内建筑以佛香阁为中心，共有亭、台、楼、阁、廊、榭等不同形式的建筑三千多座，其中最著名的要数佛香阁、长廊、苏州街、十七孔桥、大戏台等。

按照功能划分，颐和园大致可以分为行政区、生活区、游览区三个部分，其中仁寿殿是行政区的中心，供慈禧太后和光绪帝坐朝听政、会见外宾；仁寿殿后面的乐寿堂、玉澜堂和宜芸馆为慈禧、光绪帝以及后宫嫔妃的生活区域；宜芸馆东边的德和园大戏楼是清代著名的三大戏楼之一。颐和园万寿山下有一条七百多米长的长廊，长廊的枋梁上面画有八千多幅彩画，有"世界第一廊"的称号。

乾隆年间（1736—1796 年），颐和园里面有很多珍贵的文玩、铜器、瓷器和书画，光陈设的就有四万多件。但是在鸦片战争后，英法联军四处掠夺焚烧，这些珍贵的物品仅剩下 530 件，并且多数是残缺的。尤其是 1900 年八国联军再一次入侵后，文物几乎被洗劫一空。两年后，慈禧对颐和园进行修复时，又对园内的陈设文物进行了扩充。中华人民共和国成立后，政府对颐和园内的文物进行了统计，其涵盖的品类非常广泛，包括铜器、玉器、瓷器、木器、书画、古籍、钟表、乐器等，几乎将中国传世的所有文物种类都囊括了。

直到今天，我们前往颐和园，还能看到它往日的辉煌。园内的古柏和建筑交相辉映，皇家的大气磅礴之感扑面而来，真不愧为"皇家园林博物馆"！

五、江南古典园林：豫园

作为江南唯一的明式园林，豫园内经常会迎来大批的游客。漫步在这古色古香的园林之中，你会发现这里环境清幽、景色宜人，静谧中透着古典美，尽显江南园林的秀美，身处其中有着说不清的舒心和惬意。

豫园作为江南古典园林的代表，始建于明嘉靖、万历年间，现位于上海市黄浦区老城厢的东北部，与上海的老城隍庙相邻，占地面积约2万平方米。

豫园最初是一座私人园林，它的主人是四川布政使潘允端。当年潘允端为了让曾经担任刑部

尚书的父亲潘恩安享晚年，于是请明代造园名家张南阳进行园林设计。豫园从设计到建造完成用了20多年的时间。"豫"在古汉语中有"平安"和"安泰"的意思，潘允端将这座园林起名为豫园，显然是为了"豫悦"双亲。可惜的是，他的双亲还没等豫园建成就双双离世了。

豫园以其虚实相映、大小对比、高下对称以及疏密有致的建筑手法著称。园内有穗堂、铁狮子、快楼、得月楼、玉玲珑、积玉水廊、听涛阁、涵碧楼、内园静观大厅、古戏台等亭台楼阁以及假山、池塘等40余处古建筑，大致可分为大假山、万花楼、点春堂、会景楼、玉玲珑以及内园六大景区。

大假山作为豫园景色的精华之一，是江南地区现存最古老、最精美、最宏大的一座黄石假山，是著名叠山大家张南阳的唯一存世作品。这座假山气势恢宏，有"江南假山之冠"的美誉，它虽不是真山，却和真山的气势不相上下，是园林设计中叠石堆山的经典之作。

鱼乐榭位于万花楼景区，是豫园的园中园。参天古木周围、溪流之上一方小榭伫立在那里，栏杆下方是活泼的小鱼。当年庄子和好友惠子游于濠梁之上，庄子说："儵（tiáo）鱼出游从容，是鱼之乐也。"惠子问："子非鱼，安知鱼之乐？"庄子说："子非我，安知我不知鱼之乐？"从这个典故，我们不难看出鱼乐榭取名"鱼乐"二字的含义，这不正是表达了园主人对庄子的仰慕和对那种避世隐退生活的向往吗？鱼乐榭小巧玲珑，其隔水花墙体现了小中见大、虚实相映的园林特点，空间设计上的分隔法也极为独特。

游览于豫园之中，随处可见砖雕、石雕、泥塑、木刻，无不精美。园中珍藏的《神仙图》《八仙过海》《广寒宫》《郭子仪上寿图》《梅妻鹤子》《上京赶考》《连中三元》等作品都非常有文物价值和观赏价值。据统计，目前豫园内珍藏的书画、家具、陶瓷等文物足有几千件。

除建筑之外，豫园内部的植物搭配也层次分明、错落有致，不但名木古树的数量很多，而且大盆景和摆花也十分丰富。万花楼前的一株古银杏已经有430多年的树龄，有26米高，如同巨人一般伫立在那里。

作为城内游览和举办各种活动的主要场所，豫园内经常会举办各种花展、书画展、茶道会和灯会，尤其是在重阳节、元宵节这种传统节日，更是会有登高望远、灯会游艺等活动举行。当年丰子恺、吴湖帆、谢稚柳、朱屺（qǐ）瞻、吴青霞等30多位书画家曾为豫园赋诗作画，作品数量众多。

　　作为江南古典园林的代表，豫园将自然和人文建筑融为一体，绿意和建筑群相映成趣。试问谁不想在这种悠闲惬意的环境中生活呢？

六、皇家避暑胜地：承德避暑山庄

在炎热的夏天，人们常常会为了避暑而躲在空调房里不出去，即便如此，有时候还是会热得不行。在遥远的古代，即使到了夏天，人们的衣服也是里三层外三层，尤其是皇帝，更是要讲究衣着，那么他们是怎么度过夏天的呢？这就不得不提起皇家避暑胜地——承德避暑山庄了。

承德避暑山庄是中国四大名园之一，也是中国园林史上一个辉煌的里程碑，是中国古典园林艺术的最高典范。它坐落在河北省承德市市中心的北部，始建于 1703 年。

承德避暑山庄的建设分为两个阶段。第一个阶段是康熙四十二年（1703 年）到康熙五十二年（1713 年），在这十年中，避暑山庄初具规模，宫殿、宫墙、堤岸、亭树等相继建成。当时康熙帝为园中的美景以四字为题，写下了

"三十六景"，包括烟波致爽、松鹤清樾、云山胜地、四面云山、梨花伴月、曲水荷香、风泉清听、芳渚临流、云容水态、澄泉绕石、长虹饮练、甫田丛樾、水流云在等。第二个阶段，是从乾隆六年（1741 年）到乾隆十九年（1754 年）。在这期间，乾隆帝对避暑山庄进行了大规模的扩建，不仅建造了很多宫殿，而且还建造了多座精巧的园林。乾隆帝效仿祖父康熙帝，以三字为题，又写下"三十六景"，包括丽正门、勤政殿、松鹤斋、如意湖、青雀舫、绮望楼、水心榭、清晖亭、般若相、沧浪屿、一片云、凌太虚、千尺雪、宁静斋、玉琴轩、永恬居等。后来，人们将这两者合称避暑山庄七十二景。

从整体上看，避暑山庄可以分为宫殿区、湖泊区、平原区和山峦区四大部分。宫殿区是皇帝处理政事、举行庆典和生活起居的场所，包含正宫、松鹤斋、万壑松风以及东宫四组建筑。湖泊区由八个小岛分割成大小不同的区域，层次分明，颇有江南鱼米之乡的风貌。平原区的地势比较开阔，一片草原风光，包含万树园和试马埭等。山峦

承德避暑山庄

区面积广阔，约占避暑山庄整体面积的五分之四，层峦叠嶂，沟壑纵横，楼阁、宫殿、寺庙屹立其中。

避暑山庄周围有 12 座金碧辉煌、气势宏伟的喇嘛寺庙，包括溥仁寺、博善寺、普乐寺、安远庙、普宁寺、普佑寺、广缘寺、罗汉堂、殊像寺等，这些喇嘛寺庙是当时清政府为了安抚蒙古、西藏等地区的少数民族，加强区域管理而建造的皇家寺庙。寺庙里面的佛像和祭祀器具制作工艺都十分精湛，使其成为藏传佛教的圣地之一。

对地形的巧妙利用，使避暑山庄依山而建、各区分明、景色丰富，形成了自己的独特风格。青砖灰瓦的围墙和宫殿，庄重淡雅，和山水完美融合。

如果只是景色美，还不足以吸引皇帝在此度过炎热的夏天。避暑山庄的地理位置优越，处在内蒙古高原和华北平原的过渡带上，气候宜人。在冬天，四周环山的独特优势保证了它不受寒流侵袭，温度高于同纬度的其他地区；而在夏季，这里天气凉爽，雨量集中，很少有炎热期，因此清代皇帝常爱在这里度假避暑。

当然，避暑山庄不仅仅是避暑胜地，康熙和乾隆两位皇帝每年会有半年左右的时间在这里度过，一些政治、军事、民族和外交方面的国家大事都会在这里处理，避暑山庄俨然成了北京以外的第二个政治中心。英法联军入侵北京时，咸丰帝还曾经逃到这里避难。

避暑山庄作为我国 AAAAA 级景区，也是世界文化遗产，它的园林设计之美，堪称中国古典园林艺术的杰出代表！酷暑难耐时，你不妨也来这里感受一下古代帝王的避暑体验。

第三章

民宅
代表

一、大气磅礴的四大古城之一：平遥古城

在中国几千年灿烂悠久的历史中，曾出现过很多文化名城，但是经过战争、自然灾害等灾难的摧残，现今完好保存的名城并不多，平遥古城就是其中之一。

江南的古镇大多柔情似水，而北方的古城则是大气、磅礴、沧桑的代名词。平遥古城就是北方古城的代表，是中国目前保存最完整的四大古城之一。

平遥古城位于山西省的中部，距今已经有 2800 多年的历史，它的建立最早要追溯到周宣王时期，在那时，平遥还叫作"古陶"，到北魏时才改名为平遥。明朝初年，为了抵御外族南扰，才开始建筑城墙。明洪武三年（1370 年），对城墙进行扩修，后经过近十次修补，更新了城楼，增设了敌台。清康熙四十三年（1703 年），皇帝西巡路过平遥，在四面建筑了大城楼。平遥城墙总周长约为 6163 米，高

约 12 米，将平遥县城分隔成风格不同的两个部分，城墙内共有 3000 个垛口、72 座敌楼，城墙内的街道、铺面、楼市保留着明清时期的建筑，而城墙外则被称为新城。

平遥古城的整体布局严谨周正、轴线分明、左右对称、主次明确，重修后的建筑不论是轮廓起伏还是外观样式，都最大限度地保留了原来的样子。以市楼为中心，城隍庙在左边，县衙在右边；文庙在左边，关帝庙在右边；道教清虚观在左边，佛教寺院在右边，布局十分对称工整。

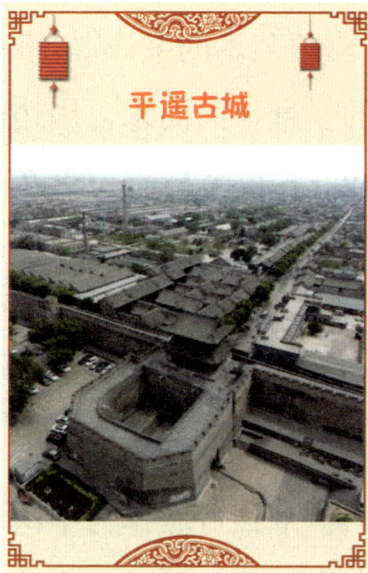

平遥古城

人们还将平遥称为"龟城"，这个名字的由来和古城的布局规划有关。平遥古城的南门为头，北门为尾，东西四座城门就像乌龟的四条腿，城里的四大街、八小街、七十二条蚰蜒（yóu yán）巷就像是龟壳上的花纹，"龟城"之名由此传开。这充分反映了当时平遥人民经受苦难之后对和平的渴望，表达了他们希望能够在城墙的守卫下远离战乱的美好愿望。

平遥古城是当年晋商的发源地，中国第一家票号日升昌，就是在这里诞生的。鼎盛期的平遥，更是一度成为金融中心，周边当铺、钱庄、贸易商行等金融场所十分齐全，人们在这里进行贸易往来。

在平遥古城到处都能看到精致的木雕、砖雕以及石雕，其中著名的双林寺内有2000多尊彩塑造像，堪称"彩塑艺术的宝库"。漫步在平遥古城的街道上，一股古朴的气息扑面而来，周边的古寺庙、古市楼、古店铺、古客栈、古民宅林立，给人一种穿越到明清时期的错觉。

作为一座古城，平遥的文化气息也很浓厚，这里经常会举行各种各样的民俗表演，比如划旱船、踩高跷、抬阁、跳地秧歌等。如果大家有机会去平遥古城游玩，一定不要错过。

平遥古城作为中国明清时期的城市典范，是中国以整座古城申报世界文化遗产获得成功的两座古城之一，它的存在为我们展现了明清时期非同寻常的文化、经济、社会、宗教发展历程。

二、鬼国京都：丰都鬼城

每年的农历七月十五是中元节，也是民间俗称的"鬼节"，传说在这天所有的鬼魂都可以回家团圆。在我国就有一个被称为"亡灵归属地"的地方，它就是丰都鬼城。让我们一起去那里看一看吧！

在重庆市丰都县的长江北岸，有一个名为丰都鬼城的地方，它是一座从汉代一直留存到今天的历史文化名城，人们称它为"鬼国京都""阴曹地府""幽都""中国神曲之乡"。

丰都鬼城旧名酆（fēng）都鬼城，古为"巴子别都"，距今已经有两千多年的历史。关于它的起源有很多种说法：

第一种是道教之说。东汉末年，张道陵创建了五斗米教，在这个过程中，他吸收了不少巫术，发展到后来就变成了"鬼教"。公元198年，张道陵的孙子张鲁在丰都设立了道教的"平都治"，逐渐使这里成为道教的传教中心。而道教又称它为"罗丰山"，认为它是受北阴大帝管理的鬼都，鬼城之名由此得来。

第二种是鬼帝之说。这个说法要追溯到上古时期，那时人类还处于未开蒙的状态，面对一些没办法解释的自然现象时，人们就将这一切归结于鬼神的主宰。东周时期，丰都是以巴族为主的别都，随着巴族和蜀族的相互交往，他们之间的文化、思想、政治、经济相互融合，最终形成了共同的信仰——土伯，这是第一代鬼帝。这位鬼帝就住在丰都城内，鬼城之名由此得来。

第三种是佛教的阎罗王之说。阎罗王是古印度神话中管理阴间的王，佛教沿用这种说法，称之为管理地狱的魔王，鬼城由他管理。

第四种说法流传最广，指的是阴、王成仙之说。《神仙传》记载：相传在汉代，有两个方士，分别是刘肇（zhào）皇后的曾祖父阴长生和当时的朝中散大夫王方平。这两个人怀着对社会的不满，先后来到丰都进行修炼，最终成了神仙。到了唐代，这两个人被人们讹传成了"阴间之王"。这种传说再加上统治阶级的渲染，丰都鬼城由此渐渐成型。

丰都鬼城从虚幻走向现实花费了两千多年，在这两千多年中，佛教、道教、儒家学说和中国的鬼神文化相结合，民间神话和现实相结合，中原文化、巴渝文化和外域文化相结合，形成了天下闻名的"鬼城文化"。

丰都鬼城在参天古柏中若隐若现，更为其增添了一份神秘之感。庞大的阴曹地府中诸神众鬼林立，各司其职，用严格的刑法统治着传说中的世界。

在这里，各种鬼怪神仙的形象通过建筑、雕塑、绘画等形式表现出来，千姿百态。人们还模拟人间法律机制建成了阎王殿、鬼门关、阴阳界、十八层地狱等阴间机构。

鬼城的主要景点包含哼哈祠、鬼门关、望乡台、奈河桥、十八层地狱等，每个景点都在演绎着惩恶扬善的民俗文化。"阴曹地府"中塑像的逼真神态、奇妙构想，深刻反映了中国古人的神鬼观念。

其实，这座历史悠久的鬼城并非如同名字一般恐怖，而更像是集儒、道、佛于一体的民俗文化艺术宝库，只是通过对鬼城场景的描绘，告诫人们要有善心，多做好事。这样看来，大家是不是觉得传说的丰都鬼城也没有那么让人觉得害怕呢？

三、苗族露天博物馆：西江千户苗寨

　　我们国家是由五十六个民族组成的多民族国家。在这五十六个民族中，有一个民族"以歌养心、以舞养身、以酒养神"，你们知道这是哪个民族吗？没错，这就是苗族。位于贵州的西江千户苗寨作为中国乃至全世界最大的苗族聚居村寨，既神秘又古朴，让人流连忘返。

　　西江千户苗寨位于贵州省黔东南苗族侗族自治州雷山县东北部的雷公山北麓，现在居住着1400多户苗族同胞，因此被誉为"千户苗寨"。这里始终保持着苗族的原始生态文化和深厚的人文气息。

　　西江千户苗寨的所在地是典型的河流谷底，四面环山，重峦叠嶂，苗寨的主体坐落在河流东北侧的河谷坡地上，清澈的白水河从寨中穿过，将西江千户苗寨一分为二。这里气候温润，夏无酷暑，冬无严寒，非常适合居住。

在千百年的历史发展过程中，苗族同胞日出而作、日落而息，通过自己辛勤的双手在白水河的上游地区开辟出大片的梯田。梯田依山顺势连接天地，形成独特的田园风光。苗寨旁满山遍野的稻田，展现了山区村庄的美丽。

西江千户苗寨内有丰富的自然资源。寨内有河流穿过，水资源很丰富。矿产资源以砷、铅、锌为主。除此之外，西江千户苗寨还有丰富的森林资源，森林覆盖率高达 85.15%，主要树种有松树、杉树、板栗树、映山红、枫香树、青杠树、樟树、茶子树等。

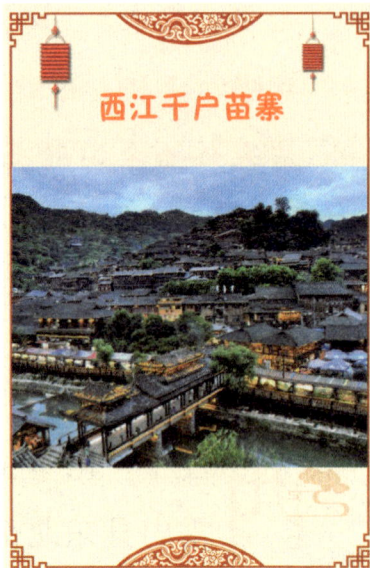

西江千户苗寨

漫步在西江千户苗寨，可以看到带着鲜明特色的吊脚楼依山建立，错落有致，连绵成片，美不胜收。这种木质的吊脚楼是西江千户苗寨的主要建筑样式，多为穿斗式歇山顶结构，属于干栏式建筑，但又与一般的干栏式建筑有所不同，因为它们并非全部悬空，所以吊脚楼又被称为半干栏式建筑。

吊脚楼一般有平地吊脚楼和斜坡吊脚楼两类，常见的是三层的四榀（pǐn）三间或五榀四间结构。以前吊脚楼的主要材料是杉木，除了屋顶用瓦之外，其余都用杉木建造。屋内的柱子用大杉木凿眼，柱子与柱子之间用不同大小的杉木斜穿套在一起，这样即便一颗铁钉不用也十分牢固。房子的四壁很讲究，常会涂上桐油，显得干净又亮堂。

从下往上看，吊脚楼的最底层一般不住人，只用来饲养家禽牲畜或放置一些生产工具、肥料或重物。

第二层是主人生活的地方，主人家在这里饮食起居，里面设有卧室，外人不可进入。卧室外面是堂屋，那里有火塘，一家人围着火塘吃饭，十分方便。由于二层光线明亮，通风也好，家人通常会在此做手工或者休息，有时也在这里接待客人。堂屋外侧有特色的"美人靠"，主要用来观景或者乘凉，当地还有这样的说法："美人靠上靠美人，不是美人俏三分。"

第三层也就是最上面的一层，透风且干燥，一般用来存放谷物、饲料等。

除了吊脚楼之外，风雨桥、千户灯夜景和苗寨歌舞也都是这里极具特色的景观。

　　我国著名作家余秋雨先生曾这样评价西江千户苗寨：
"用美丽回答一切"，由此足以看出这里多么让人心驰神
往。如果有机会，记得要来这里看一看，感受一下远离
都市的那份平静，静静地享受美好的田园风光。

四、独特的"穴居式"民居：窑洞

我们国家的文化源远流长，不同的自然条件和人文活动都会产生不同的影响，因此形成了各种各样有特色的建筑，比如土楼、蒙古包、碉楼等。今天的主角是窑洞。大家也许会好奇，在洞里居住到底是什么样的感觉呢？我们一起来看看吧！

窑洞是我们国家西北黄土高原上的一种"穴居式"民居，距今已有 4000 多年的历史。作为黄土高原的产物、陕北文化的象征，窑洞有着深远的历史。

地处黄土高原、位于甘肃省东部的庆阳市气候温和，是中国农耕文化的发祥地之一。夏朝时太康失位，不窋（zhú）承袭其父后稷的官位。太康政乱导致农业生产被破坏，因此不窋就带领族人来到了庆阳定居。他们自己种庄稼发展农业生产，"好稼穑务本业，有先王遗风"，创造了灿烂的周文化。

与此同时，周族人还学会了"陶复陶穴以为居"。在远古时期，人们以洞穴为居住地，这种洞穴是自然形成的，通常阴暗潮湿，不但没有阳光，还时常会有野兽威胁人们的生命。在不窋执政期间，周族人根据不同的地理条件挖出两种不同形式的窑洞供人们居住，这样就不用再时常担心遇到野兽袭击了。生命安全得到保障，人们才能更好地定居生活，农业才因此发展起来。

由此我们可以看出，从周朝开始，窑洞文化就已经初现端倪。

陕西的窑洞有靠崖式窑洞、下沉式窑洞、独立式窑洞等形式。其中靠崖窑的建造比较多，它们多数建在山坡上，位于塬的边缘，常依山向上呈现数级台阶式分布，下层窑顶为上层前庭，视野比较开阔。

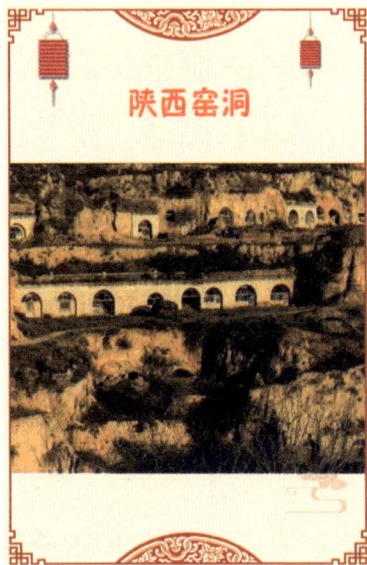

陕西窑洞

下沉式窑洞就是在地下挖一个方形地坑，然后在内壁上挖窑洞，形成一个地下的四合院。

根据建筑材料的不同，窑

洞还有另一种分类方法：直接挖土形成的窑洞被称为土窑洞；在土窑洞外面用石头进行加固，就成了石窑洞；如果使用砖块加固，那就是砖窑洞。三者相比，砖窑洞从外面看起来更加美观。

窑洞依山而建，施工方便，可以自己挖建，造价十分低廉。住在里面冬暖夏凉，十分宜人。据说长期居住在窑洞中对健康很有好处，因为外界的气候和大气中的放射性物质对在窑洞中居住的人影响较小，所以人们很少得哮喘、支气管炎、风湿和皮肤病等疾病。

如今，窑洞文化经过千年的风雨洗礼，形成了独具特色的窑洞艺术，吸引着国内外游客前来参观住宿，体验其中的魅力。

第四章

重大工程

一、绵延万里的传说：长城

　　说起中国的名胜古迹，你最先想到的是哪里呢？俯瞰中国，我们第一眼看到的就是绵延不绝的万里长城，它如同一条沉睡的东方巨龙，静静地卧在崇山峻岭之间，保护着祖国的大好河山。俗语说"不到长城非好汉"，你到过长城吗？

　　长城是中国古代极其重要的军事防御工程，目前已经被列为世界文化遗产。

　　长城位于中国的北方地区，因其东西长度绵延上万里而得名。在中国历史上，很多朝代都修筑过长城，并且使用的名称不同，其修筑的历史最早可以追溯到西周时期。周王朝为了抵御北方游牧民族侵袭，曾经修筑过连续排列的城堡"列城"，著名的"烽火戏诸侯"的典故就与此有关。到了春秋战国时期，列国为了争霸，先后修筑过"诸侯互防长城"，史家称之为"先秦长城"。

秦统一六国后，建立了中国历史上第一个统一的多民族中央集权制国家。为了维护和巩固国家安全，秦始皇下令大规模修建起绵延万里的长城，从此才有了万里长城的称呼。

两千多年来，几乎每个朝代都要对长城进行规模不一的修筑。不仅仅是汉族统治时期，北魏、辽、金、元等少数民族统治时期也会修筑长城，并且比汉族统治的朝代修筑的还要多。清康熙年间（1662—1722年）虽然减少了对长城的大规模修筑，但也在个别地方修筑了长城。据统计，历史上共有20多个诸侯国和王朝修筑过长城，如果把这些工程的长度加起来，恐怕要超过十万里。

作为中国古代重要的防御工程建筑，长城由城墙、敌楼、关城、墩堡、营城、卫所、烽火台等多个防御工程组成，在御敌时，通过各级军事指挥系统层层指挥。

人们在修建长城的过程中积累了很多经验，代代相传，并不断改进。

从布局上看，早在秦始皇修筑万里长城的时候，就已经总结出了"因地形，用险制塞"的经验，后世都依照这个经验进行军事布防。在修筑过程中，关城隘口一般都选在两座山峰的峡谷之间，或者是河流转折的位置，这样既能利用险要的地形抵御外敌，又能节约人力和材料，有种

"一夫当关，万夫莫开"的气势。

从建筑材料上看，通常遵循"就地取材、因材施用"，并创造了很多建筑结构方法，比如夯土、块石片石、砖石混合等，以及在沙漠中利用红柳枝条、芦苇与砂粒层层铺筑等。到了明代，制砖技术进一步发展，砖成为非常普遍的建筑材料，古代不少地方的城墙都用巨型砖块修筑。在没有吊车帮忙，纯靠人力搬运建筑材料的时代，使用大小一致的砖块不仅提高了工人的效率，还大大提升了建筑水平。

我们现在能看到的长城遗址主要是明长城，它东起辽宁虎山，西至嘉峪关，总计 8851.8 千米，跨越北京、天津、山西、陕西、甘肃等 15 个省、自治区、直辖市，由此足见其长。

长城是中华民族的象征，它代表着我们中国人勤劳智慧、百折不挠、众志成城、坚不可摧的民族精神和顽强意志。当我们踏上长城，其雄伟的气势迎面而来，耳边似乎还能听到诗人们的吟唱："长风几万里，吹度玉门关""秦时明月汉时关，万里长征人未还""劝君更尽一杯酒，西出阳关无故人"……

二、传承千年的水利工程：都江堰

在中国 960 万平方千米的广袤土地上，不同的文化和不同的地理特征孕育出了不同的美景。《国家地理》杂志曾评选出"中国一生必去的 50 个地方"，都江堰就是其中之一。

都江堰在四川省都江堰市城西，是世界文化遗产、国家 AAAAA 级旅游景区，也是全球年代最久远、唯一留存、仍在使用、以无坝引水为主要特征的古代水利工程，被称为"中国古代水利建设的明珠"。

都江堰一带景色优美，周围有不少名胜古迹，是一处非常理想的游览胜地。可谁能想到，如今号称"天府之国"的成都平原，在几千年前居然是水旱灾害十分严重的地区呢？就连著名的大诗人李白都曾在《蜀道难》中感叹当时的惨状："蚕丛及鱼凫，开国何茫然！"这种恶劣状况的形成与岷江和成都平原的自然条件息息相关。

　　岷江是长江上游水量最大的支流，一到雨季，岷江的水位就会涨得十分迅速，并且水势十分湍急，这就导致每当雨季来临，成都平原就变成了"汪洋大海"，而一遇到旱季，这里又是一片干枯，颗粒无收。长期的水患祸及西川，成为当时人民生存的一大威胁。为了解决这一问题，都江堰应运而生。

　　战国时期群雄争霸，经过商鞅变法改革后的秦国人才辈出，国家日渐强盛，认识到巴蜀之地在统一六国中的重要战略地位，便派遣了上知天文、下知地理的隐士李冰为蜀郡太守。李冰上任之后，面对民不聊生的局面，决定根治岷江的水患，大力发展农业，为后来秦统一六国奠定了坚实的经济基础。

　　李冰和他的儿子吸取前人的治水经验，为了防止雨水太多导致岷江泛滥成灾、雨水太少造成当地干旱的情况，决定将岷江水流一分为二，并将其中一条水流引入成都平原，这样不仅可以减少洪灾，还能够引水灌溉，变害为利。

　　做好整体规划之后，李冰父子就带领当地百姓主持修建了如今著名的都江堰水利工程。整个工程充分利用当地西北高、东南低的地势条件，通过观察江河出山口处的特殊地形、水脉和水势，因势利导，无坝引水，自流灌溉，使堤防、分水、泄洪、排沙、控流形成一个完整的体系，既保证了防洪灌溉，又使水运和社会用水得到充分满足，综合效益达到了最高。自从都江堰水利工程建好之后，成都平原慢慢变成了我们现在看到的样子，沃野千里，"水旱从人，不知饥馑，时无荒年"。

都江堰的渠首枢纽主要由鱼嘴、飞沙堰、宝瓶口三大主体工程构成，三者有机配合、相互制约、协调运行，具有"分四六，平潦旱"的功效。除了这三个工程之外，都江堰周边还有很多宜人的景色，比如供奉着李冰父子塑像和治水名言的二王庙、传说中治水时曾在这里降伏孽龙的伏龙观、被誉为"中国古代五大桥梁"之一的安澜索桥以及卧铁、奎光塔、虹口景区、南桥、园明宫、清溪园、都江堰城隍庙、玉垒关、离堆公园、秦堰楼等。

都江堰的建造，为中国古代水利史开创了新的纪元，它不仅没有破坏自然资源，还充分利用自然资源为人类服务，使得人、地、水三者达到了高度和谐统一，其科学性、完整性以及其中蕴含的潜力让人叹为观止，让我们不得不赞叹古人的智慧！

三、中国古代文明的金名片：秦始皇陵兵马俑

世界八大奇迹分别是亚历山大港灯塔、埃及胡夫金字塔、巴比伦空中花园、阿尔忒弥斯神庙、奥林匹亚宙斯神像、摩索拉斯陵墓、罗德岛太阳神巨像以及中国的秦始皇陵兵马俑。作为唯一被列入世界八大奇迹的中国人文古迹，秦始皇陵兵马俑到底有什么神奇的魅力呢？让我们一起来看看吧！

秦始皇陵兵马俑位于陕西省西安市临潼区，是世界文化遗产、世界十大古墓稀世珍宝之一，被誉为"世界第八大奇迹"。它是世界上最大的地下军事博物馆，也是世界考古史上最伟大的发现之一。

在古代，兵马俑属于墓葬雕塑的一个类别，大多是制成士兵、战车、战马等形状的陶俑殉葬品。秦始皇陵兵马俑其实就是秦始皇的陪葬品，秦始皇想在死后也享受生前

的待遇，就铸造了一批与开疆扩土的士兵面容几乎一样的兵马俑作为殉葬品。这些兵马俑个个形象生动，又在脸型、表情、年龄上各有差别，看起来十分逼真。雕塑艺术手法如此高超，难怪会有秦始皇陵兵马俑是由真人制成的传言。

秦始皇陵兵马俑多使用陶冶烧制的方法制成。工匠一般会先使用陶模做出初胎，再覆盖一层薄薄的细泥进行加工、刻画和加彩，有的会先烧制再连接，有的则是先连接上再进行烧制。秦始皇陵兵马俑其实是彩色的，并非我们现在看到的白灰色。之所以会变成现在这样，是因为当年的工匠犯了一个"错误"。他们在兵马俑烧制之后才进行上色，这就导致兵马俑在刚出土时还保留着鲜艳的颜色，但很快就被氧化，原本鲜艳的颜色就变成了白灰色，这真是遗憾。

秦始皇陵兵马俑在彩绘时主要采用红、绿、蓝、黄、紫、褐、白、黑八种颜色。如果再加上深浅浓淡不同的颜色，如朱红、粉红、枣红色、中黄、粉紫、粉绿等，那么

颜色就有十几种了。由此可以看出，当时的人们就能够大量生产和使用这些颜料了，这对我们研究彩绘艺术和世界科技史都有很重要的意义。秦始皇陵兵马俑彩绘的手法多样、工序复杂，对着色十分讲究，其中陶俑和陶马的彩绘工序尤其严格，基本以实物为标准，多采用暖色，很少用冷色，通过对红、蓝、绿等颜色的使用，将秦军的威武勇猛展现得淋漓尽致。

已经挖掘出土的秦始皇陵兵马俑，根据人物的装束、神情和手势，我们可以判断出他们的身份。这些兵马俑一般由士兵和军吏组成，军吏又有低级、中级、高级的区别。普通士兵是不戴冠的，而军吏戴冠。普通军吏的冠和将军的冠又不相同，铠甲也有区别。兵俑主要包括步兵、骑兵和车兵三种，不同兵种作战的方式不同，因此配备的武器装备也不一样。

比较有代表性的兵马俑有：一手持矛、戈、戟等长兵器一手按车的车士俑，手持弓弩的立射俑和跪射俑，身着战袍或者铠甲的武士俑，指挥作战的军吏俑，骑马作战的骑兵俑，驾驶战车的驭手俑等。

秦始皇陵兵马俑作为中国古代文明的金名片，为我们提供了两千多年前古代骑兵、轻车兵、弓箭手、指挥兵等多个兵种的形象资料，对我们研究古代军事史有着极其重要的意义。

四、中国最古老的运河：京杭大运河

　　树影斑驳，岁月留痕，当你坐着游船在京杭大运河上穿行，会不会为这片历史与现代都市结合的美景而倾倒？高楼与古桥相映，让我们在悠闲的桨声中一起走进这古老的京杭大运河吧！

　　京杭大运河位于我国的东部地区，2014 年被列入《世界遗产名录》。京杭大运河南从杭州起，向北延伸至北京，途经浙江、江苏、山东、河北四省及天津、北京两市，贯穿海河、黄河、淮河、长江、钱塘江五大水系，全长约 1797 千米，是我国南水北调工程的东线，也是世界上里程最长、工程最大、年代最古老的运河之一。

　　之所以说京杭大运河是最古老的运河，是因为它的修建时间很久远，要追溯到春秋时期。当时为了方便进行军事行动，各国都开凿了运河。隋王朝统一天下之后，就立即决定修建贯通南北的运河，这不单单是为了方便军事活动，更多的是想通过开通运河大力发展经济，加强对南方的管理。

京杭大运河连接着中国南北地区的经济文化交流，它的使用推动了沿线地区的经济发展。在古代很长一段时间里，我国的经济重心都在黄河流域，北方的经济比南方更发达。但是经过魏晋南北朝时期的混乱，北方的经济受到了严重冲击，南方经济却飞速发展起来，成为全国的经济重心。长时期的分裂阻断了南北经济的交流，为了发展经济，开凿运河势在必行。政治上，隋朝统一天下后，政治中心仍在北方，但隋朝的统治者还面临着南方门阀世族的威胁，因此急需加强对南方的管理。除此之外，北方边境的少数民族依然是当时隋朝的政治大患，光是在那里驻兵屯田远远不够，还需要开凿运河，保障有充足的粮饷供应。综上所述，隋代开凿运河非常必要。

当然，不仅仅是隋朝，隋之后的历朝历代，无论是统一的政权还是分裂的政权，都非常看重对运河的疏凿与完善，他们的目的无外乎政治、经济、军事等方面，想要充分利用运河漕运，将各地的物资源源不断地运往都城所在地。这种方法在一定程度上成为统治阶级加强管理的重要手段。京杭大运河在元代才全线贯通，在明清时期成为南北水运干线。

用一句话总结京杭大运河的修建过程，那就是：春秋时期开掘，隋代时期完成，唐宋时期繁荣，元代时期取直，明清时期疏通。在这漫长的修建和完善过程中，直到最后一次彻底完成之后，这条大运河才正式取名为京杭大运河。

京杭大运河是中国仅次于长江的第二条"黄金水道"，其在世人眼中的价值与长城不相上下。作为世界上开凿时间最早且长度最长的一条人工河道，它的长度是苏伊士运河的 9 倍、巴拿马运河的 22 倍。京杭大运河全程可以分为七段，分别为通惠河、北运河、南运河、鲁运河、中运河、里运河和江南运河，其中通惠河现为北京市内排水河道，基本已经不能通航；北运河和南运河部分河道只有一小部分可以通航；鲁运河、中运河、里运河以及江南运河每年可通航船舶重量不等，货物运输量也各有不同，尤其江南运河成为南水北调的大动脉之后，极大地推动和改善了周边农田水利的发展，取得了明显的综合效益。

京杭大运河与长城、坎儿井并称为中国古代三大工程，凝聚了中华民族祖先的智慧和伟大创造力，充分向世界展示了中国古代领先于世界的水利航运工程技术，为我们留下了丰厚的历史文化，成为我们中华民族文化身份的象征。

五、荒漠里的特殊灌溉系统：坎儿井

位于我国新疆的吐鲁番盆地是出了名的干燥炎热之地。这个四周都是大山又远离大海的地方，几乎很少降雨。当地气候炎热，地表水又蒸发得很快，这里的人该怎么灌溉呢？这就不得不提到荒漠地区的特殊灌溉系统——坎儿井。坎儿井到底是什么样子的呢？一起看看就知道啦！

坎儿井又称坎尔井，是我国荒漠地区的一种特殊灌溉系统，也是我国古代三大工程之一。这种灌溉系统在新疆吐鲁番市比较常见。

作为新疆特殊的水利工程形式，坎儿井创始于西汉时期。当时，汉武帝开发了西北地区，为了抵挡匈奴的侵袭，主张将内地的居民向边境迁移，并在边境修渠种田，提供军粮，巩固边防。这种做法使西北地区的水利工程技术得到了很大的提升。

　　《汉书·西域传》记载："宣帝时，汉遣破羌将军辛武贤将兵万五千人至敦煌，遣使者案行表，穿卑鞮侯井以西，欲通渠转谷，积居庐仓以讨之。"根据后人的注解，这里的"卑鞮侯井"有6个竖井，井下通渠引水，和我们现在的坎儿井惊人地相似。

　　新疆有一些地方为冲积扇地形，土壤以砂砾居多，很容易渗水，因此当山上的积雪融化，雪水顺着山体流下来后，大部分都渗入了地下，而且地下水也埋藏得很深，如果想要灌溉，就要挖井渠。勤劳智慧的新疆人民就从挖井渠的经验中，摸索出了一种新型的灌溉工程形式——坎儿井。

　　坎儿井主要由四部分组成，分别是竖井、暗渠、明渠和涝坝。它的工作原理是这样的：在高山的雪水潜流处找到地下水的源头，然后在相隔一段距离的位置打出深浅不一的竖井，再在这个基础上根据地势的不同，在竖井的井底修通暗渠，利用暗渠将各个竖井沟通，将水引下来，最后将地下渠道的出水口和地面渠道连接起来，这样就能把地下水引到地面上进行灌溉了！

　　据统计，我国新疆地区的坎儿井数量已经达到2000多条，灌溉面积50多万亩。大多数坎儿井都分布在吐鲁番盆地和哈密盆地两处，在当地的农业生产和居民生活中发挥着重要作用。

吐鲁番盆地是天山南北坎儿井最多、最集中的地区，也是新疆坎儿井的起源地。之所以在吐鲁番盆地兴建坎儿井，和当地的气候与地理条件分不开。吐鲁番盆地作为我国极端干旱的地区之一，酷热少雨，水的蒸发量极高。坎儿井是利用地下暗渠输水，既不受季节的影响，也不受风沙的影响，又因为是在地下，不仅水分蒸发量小，而且流量稳定，可以常年自流灌溉。

此外，吐鲁番盆地地下水的坡降和地面的坡变相差不大，这种地形非常有利于挖坎儿井。而且，吐鲁番盆地的土质是砂砾和黏土胶结的钙性土壤，质地比较坚实，挖成之后的井壁和暗渠都不容易坍塌。

坎儿井的出现为新疆的发展带来了希望。坎儿井把地下水引到地面上，灌溉了数十万亩良田，使沙漠变成了绿洲，使新疆各族人民生活得更好了！尽管随着用水量变大和水利技术的进步，一些机井和水库代替了坎儿井的功能，但是它曾经带给我们的帮助始终不能忘记。

六、敞肩石拱桥之祖：赵州桥

你们知道中国古代有哪些著名的桥梁吗？最出名的莫过于位于河北的赵州桥啦！这座桥是中国古代劳动人民智慧的结晶，从它建成开始，中国桥梁建造史续写了新的篇章！

赵州桥别名安济桥、大石桥，坐落于河北省赵县的洨河之上，整座桥横跨 37 米宽的河面，桥体完全由石料建成，是世界上现存历史最久远、跨度最大、保存最完整的单孔坦弧敞肩石拱桥。

赵州桥的建立要追溯到隋代。那时赵州是连接南北的交通要地，来往的车辆、船舶、行人不计其数，可这里繁忙的交通却被一条洨河给阻断了。尤其是在洪水来临时，洨河不仅不能通行，而且还十分危险。看着如此低下的渡河效率，当时的政府非常着急，决定在此处修建一座横跨近 40 米的大桥。

当时石桥的拱形多为半圆形，虽然看起来优美完整，但是有很大的缺陷：首先，跨度较小，在太宽的河流上架桥难度很大；其次，即使勉强建桥成功，如此大跨度的半圆形拱桥也会造成桥高坡陡，非常不利于车辆和行人通过；最后，施工难度大，如果强行施工，砌石用的脚手架就会很高，增加了施工的危险。

面对这些难题，当时的工匠李春创造性地设计了圆弧式拱桥，大大降低了石拱的高度，赵州桥由此诞生。它的主孔拱高和跨度之比为1：5左右，全桥只有一个大拱，像是一张弓横卧在河面上，整个桥面没有陡坡，十分平稳，不仅车辆行人通行方便，还大大节省了通行成本。

大拱的两肩上，各有两个小拱，这样的设计既节省了石料，减轻了桥身的重量，还可以在河水上涨时，增加桥洞的过水量，减少河水对桥身的冲击。整个大拱由28道拱圈组成，每道拱圈都能独立支撑上面的重量，即便有一个破损，对其他的拱圈也没有丝毫影响。

赵州桥完美适应了低桥面、

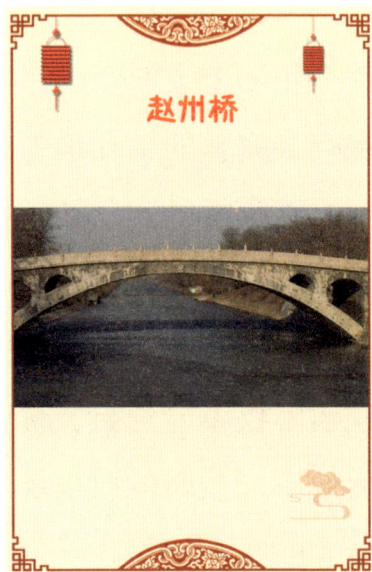

赵州桥

大跨度的双重需求，全桥结构匀称，和周围的景色融为一体，和谐而又自然。桥上的石栏石板雕刻得很是古朴优美，其中石栏板望柱上面有精心雕刻的龙兽和花卉图案，浮雕上还有各种神态的蛟龙图案，不仅造型生动、雕刻精细，还有着深厚的意境。

唐代曾有人这样形容赵州桥："初月出云，长虹引涧。"这句话的意思是说赵州桥看起来像是月亮刚从云里面出来，又像彩虹搭在大河上。

自建成之后，赵州桥共经历了十几次水灾、战乱和多次地震，但始终没有被破坏，这足以证明赵州桥的稳固。

赵州桥的设计构思和高超的技术水平，向世人充分展现了中国古代劳动人民的高超智慧，它不仅是中国古桥建筑中的翘楚，而且在世界上也是数一数二的，是值得我们骄傲、自豪的人文古迹。

第五章

文化经典

一、中国古代最高学府：国子监

"吾日三省吾身，为人谋而不忠乎？与朋友交而不信乎？传不习乎？"站在红墙绿瓦间，我们身处中国古代的最高学府——国子监，恍惚间还能听到里面传出朗朗的读书声……国子监是什么样子的呢？让我们一起去看看吧！

国子监是中国古代国家设立的最高学府和教育管理机构。虽然国子监从隋代才开始设立，但是中国古代成立学府的历史已经非常久远了。

在两汉时期，国家的最高学府称为太学，主要向学生们传授儒家经典。永安元年（258年），东吴景帝孙休创建国学，设立了太学博士制度。

西晋时期，晋武帝司马炎第一次成立了国子学，只招收五品以上官员的子弟，这是中国教育史上第一个太学之外的教育机构。但是在西晋，国子学并不怎么受欢迎。到了东晋时期，建康太学成立，后来的宋、齐、梁、陈先后在建康成立建康太学。北齐时将国子学改为国子寺。

隋代，国子学和太学并立，是专门研究和学习儒家经典的学校。

唐代，国子学改名为国子监，成为独立的教育行政机构，每次招收三百名贵族子弟进行教导。《旧唐书·高宗本纪》记载："凡六学，皆隶于国子监。"也就是说，这些贵族子弟学习的内容有六种，分别是国子学、太学、书学、律学、算学和四门学。唐代曾几次更改国子监的名字，到神龙元年（705 年）又改回了原来的名字。

宋代，国子监有东、西京之分，并增加了武学的内容，名称也经过多次更改。这里一般只招收七品以上官员的孩子入学，称之为国子生或监生。在北宋时期，范仲淹推行庆历新政，国子监的教学内容由原本浮夸的辞赋改为更注重实际、时务的经义典籍。

元代分设国子监管理国子学。蒙古国子监管理蒙古国子学，只招收蒙古族和汉族官员，主要学习蒙古文译写的《通鉴节要》和算术，并根据考试成绩授予官职。我们今天在北京看到的国子监，就是元代建立的，不过在当时称为北平郡学。

明代，明太祖朱元璋为有效治理国家，建立一套高效运转的官僚机构，特地吸取了历朝历代开办国学、太学的经验，成立了自己的"官僚养成所"——国子学。他亲自考察选址，最终在鸡鸣山下选了一处生态环境十分理想的地点作为国子学的新校址，同时改学为监，称为国子监。我们现在在南京看到的国子监，就是那时建立的。

永乐二年（1404年），北平郡学复称国子监，等到迁都北京之后，又改称为京师国子监，于是明代就有了两个国子监。当时的国子监不仅接纳全国各地的学生，还接纳外国的留学生，南京国子监学生多时近万人。监生学习的内容主要是四书五经和《性理大全》、律令和书数等。

清代沿袭明代旧制。乾隆年间（1736—1796年），国子监的教学内容分为经义和治事两类，主张经世致用。随着清王朝日趋腐败，学校成为科举考试的附庸品，监生需要自己交学费，为了名利而学习。清末进行改革，设置了学部，国子监被废，从此结束了它的使命，走下了历史的舞台。

国子监作为中国古代封建社会的教育管理机构和最高学府，为各个朝代输送了大量人才，它的出现为我国的高等教育史谱写了重要的篇章！

二、诗与美结合的千古绝景：黄鹤楼

"昔人已乘黄鹤去，此地空余黄鹤楼。黄鹤一去不复返，白云千载空悠悠。晴川历历汉阳树，芳草萋萋鹦鹉洲。日暮乡关何处是？烟波江上使人愁。"唐代诗人崔颢的一首《黄鹤楼》将我们带到了黄鹤楼之上，是何等的美景让他发出如此感叹？让我们一起来一探究竟吧！

黄鹤楼是我国 AAAAA 级旅游景区，位于湖北省武汉市长江南岸的武昌蛇山之巅，它与湖南的岳阳楼、江西的滕王阁并称为"江南三大名楼"，被世人赞为"天下绝景"。

我们听说过白鹤、灰鹤、丹顶鹤、黑颈鹤等，但却没听说过黄鹤，那么黄鹤楼的名称到底是怎么来的呢？这要从一个美丽的传说讲起。

相传在很久以前，有一位姓辛的女子开了一家酒楼。

一天，来了一位身材健硕但是穿着很破烂的客人，那人向她讨一杯酒喝，辛氏没有任何怠慢，为他盛了一杯酒。就这样持续了半年，辛氏始终都没有因为这位客人不给酒钱而有所厌烦，始终如一地对待他。有一天，客人告诉辛氏，他没办法还她酒钱了。然后他拿出一个橘子皮，在墙上画了一只鹤，这个橘子皮呈黄色，因此鹤也是黄色的。神奇的是，只要有人拍手唱歌，黄鹤便会跟着歌声跳舞。为了欣赏到这种奇观，酒店里很多客人都付钱观看。

就这样过了十多年，辛氏赚了很多钱。这天，那位客人又来到了酒店，辛氏赶忙上前道谢，并承诺愿意供养他。客人微微一笑，拿出笛子吹了几首曲子，只见几朵白云从空中落下，墙上的黄鹤随着白云飞落在客人面前。客人跨上仙鹤，飞上天去了。辛氏为了纪念这位客人，便用自己赚到的钱搭建了一座楼阁，取名黄鹤楼。

当然，这只是一个美丽的传说。历史上的黄鹤楼是在三国时期东吴黄武二年（223 年）建造的，在那时只是作为瞭望守戍的军事楼。后来晋灭掉东吴，统一三国，黄鹤楼就失去了原本的军事价值，变成了供官商旅行、游玩、宴请的观赏楼。到了唐代，黄鹤楼已经有了一定的规模，但是因为战火频繁，后来几经毁坏重建。不说别的朝代，光是在明清两代，就被毁坏了七次，重建和维修十余次，当时甚至出现了"国运昌则楼运盛"的说法。清代最后遗留下来的黄鹤楼也只剩一个铜铸的楼顶了。

1957 年修建武汉长江大桥武昌引桥时，占用了黄鹤楼的旧址，在后续重建时，另选了一个和旧址不远的地方。黄鹤楼的重建花了大概四年的时间，主楼以清代最后一座黄鹤楼为蓝本，但更加高大壮观。

重建之后的黄鹤楼与长江以及上方的长江大桥交相辉映，形成了独特的文化景观。黄鹤楼为四边套八边形，谓之四面八方，各层大小屋顶交错重叠、翘脚飞举，看上去就像是欲展翅飞翔的鹤翼。楼层内外绘有仙鹤为主体，云纹、花草、龙凤为陪衬的图案，十分精美。整座楼雄伟壮观之余又不失精巧，美感和韵味兼具。

黄鹤楼是古典和现代的融合，是诗化与美意构筑的精品，无数文人墨客在此留下千古绝唱。让我们一起登上黄鹤楼，去饱览周围美好的景色吧！

三、弦歌不绝的千年学府：岳麓书院

岳麓书院背靠岳麓山，与湘水相依，书院以岳麓山为名，而岳麓山也因为书院变得更加繁盛。走在岳麓书院中，浓浓的书香迎面而来，这里浓厚的学习氛围从千年前就开始静静地流淌其中。

岳麓书院是我国历史上赫赫有名的四大书院之一，坐落于湖南省长沙市湘江西岸的岳麓山脚下，是我国的重点文物保护单位。

岳麓书院历史悠久，最初创立于北宋时期。北宋开宝九年（976 年），潭州太守朱洞在僧人办学的基础上，正式创立岳麓书院。祥符八年（1015 年），宋真宗赵恒亲手御笔挥毫"岳麓书院"四字作为书院的门额。

岳麓书院从宋、元、明、清发展到今天，已经经历上千年，世人称之为"千年学府"。

　　岳麓书院的整体布局采用中轴对称、纵深多进的院落样式，现存的建筑物大多是明清时期的遗物，主要分为教学建筑、藏书建筑、祭祀建筑、园林建筑和纪念建筑。

　　教学建筑主要包括大门、二门、讲堂、教学斋、半学斋和湘水校经堂。

　　大门采用南方将军门式结构，建于十二级台阶之上，门前有一对方形柱子，白墙青瓦，显得庄严大气。上方的门额是宋真宗的真迹。

　　二门正上方悬有"名山坛席"匾，是宋元时期礼殿的位置，抗日期间曾被日本侵略者炸毁，后来重建。

　　讲堂是书院教学和举行重大活动的场所，也是书院的核心部分。南宋时，著名的理学家朱熹、张栻（shì）都曾在这里举行过会讲（学术研讨），成了中国书院会讲的开端。湘水校经堂也属于书院讲堂。

岳麓书院

　　教学斋和半学斋是讲堂旁边的南北二斋，是过去老师和学生的宿舍，学生们经常会在这里自习。

藏书建筑指的就是御书楼。如今御书楼仍在使用，古籍藏书数量已经超过五万册，《四库全书》《续解四库全书》《四部丛刊》《四部备要》《古今图书集成》等珍贵的工具书都收藏其中。

祭祀建筑主要包括文庙、濂溪祠、四箴亭、崇道祠、六君子堂和船山祠。

园林建筑主要包括麓山寺碑亭、百泉轩、碑廊和自卑亭。

纪念建筑主要包括时务轩、赫曦台、山斋旧址和杉庵。

岳麓书院的这些建筑层层递进，营造出了庄严、神秘之感，这正是儒家文化中"尊卑有序、主次有别"观念的体现。

除了古朴典雅的建筑外，岳麓书院的自然景观也是一绝，占足了奇、珍、幽、美四字。岳麓书院依山傍水，前临湘水，后靠岳麓山，四周林木荫翳，植物种类丰富，环境幽静雅致。而且岳麓书院极美，它的美，美在四季景色不同，同时还带来了不同季节的美食，既满足了味蕾，又让人流连忘返。

作为千年学府，岳麓书院出过不少人才，比如晚清中兴四大名臣中的左宗棠和曾国藩、明末清初四大启蒙思想家之一的王夫之等。"惟楚有材，于斯为盛"这副对联就挂在书院的门口，告诉世人这里是人才云集的地方。

　　"合安利勉而为学，通天地人之谓才。"岳麓书院时至今日仍然闪烁着时光淬炼后的人文光辉，它的学习氛围和教育理念将代代相传。在后人的保护中，相信下一个千年之后，岳麓书院作为千年学府的神话仍将继续。

四、儒客的朝拜圣地：曲阜三孔

孔子是中国春秋末期著名的思想家、教育家，他所主张的儒家学派理论延续千年，对历朝历代的发展产生了极其深远的影响，被后人誉为"至圣先师""天之木铎"，他的故乡曲阜成为历代儒客朝拜的圣地。今天就让我们一起去那里看一看吧！

"千年礼乐归东鲁，万古衣冠拜素王。"曲阜之所以能享誉全球，是和孔子分不开的，这里是至圣先师孔子的故乡，孔子生前曾经在此开坛授学，创建了影响中国两千多年的儒家文化。曲阜的孔府、孔庙和孔林被统称为曲阜"三孔"。在孔子去世后，无数儒客不远万里赶来这里朝拜圣地，瞻仰圣人的先迹。1994 年，曲阜"三孔"被联合国列入《世界遗产名录》。

孔庙是孔子死后第二年，鲁哀公在孔子生前住宅的基础上改建而成。它是祭祀孔子的庙宇，位于曲阜的城中央。孔庙在建成之初只有"庙屋三间"，里面放置了孔子生前所用的衣、冠、琴、书等，后来经各朝各代不断扩建整修，规模越来越大。

魏晋南北朝时期，孔庙的规模不太大。东魏时，才在孔庙中放置了孔子及其弟子的塑像。唐代对孔庙的修建比较多，除了在国都的最高学府国子监修建孔庙之外，还在州县设立孔子庙，供人祭祀孔子。

后来，唐代修了五次，北宋修了七次，金代修了四次，元代修了六次。明代，孔庙遭到雷击，主要建筑化为乌有，于是皇帝急忙下令重修，历经五年，才终于修筑好。到了清代，孔庙又修建了 14 次。纵观历史，孔庙先后大修 15 次，中修 31 次，小修数百次，经过历代的扩建修筑，才有了今天这样的规模。

曲阜"三孔"之孔庙

现今孔庙的规模主要是在明清两代完成的，建筑格局和皇宫类似，一共分为九进庭院，由一条南北的中轴线贯

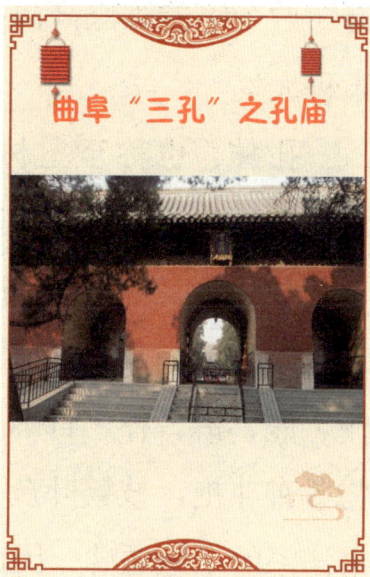

穿，左右对称，主要包括五殿、一阁、一坛、两庑、两堂、十七碑亭。整体气势雄伟，极富东方建筑的特色。因其规模宏大、气魄雄伟、年代久远、保存完整，被古建筑学家梁思成称为世界建筑史上的"孤例"。

孔府，本名衍圣公府，坐落于孔庙的东边，是孔子嫡长孙的衙署，有"天下第一家"的称号，是中国封建社会官衙和内宅合一的典型建筑。孔府总共占地约 7.4 公顷，是中国仅次于明清皇宫的最大府邸。大门口正中上方"圣府"两个字的牌匾高高挂起，五檩（lǐn）悬山式建筑显得肃穆大气。

孔林，也称至圣林，是孔子及其家族人员的专用墓地，也是世界上延续时间最长、面积最大的家族墓地。孔子死后，他的弟子从各地带来了各种珍稀的植物种植在这里，目前林中的树木已经有十万多株了。柏、桧、柞、榆、槐、楷、朴、野菊、半夏、柴胡、太子参等数百种植物争奇斗艳，枝繁叶茂。孔林内除了植物还有很多历代大书法家的亲笔题碑，因此，孔林又可以说是一座碑林。

曲阜"三孔"所蕴含的悠久历史和丰厚的文化积淀让人久久难忘，其价值不可估量。你想不想也去圣地朝拜一下孔子呢？

五、中国古代文学圣地：杜甫草堂

说起中国古代的诗人，你最先想到的是哪一位呢？是潇洒不羁的李白还是田园诗派诗人王维？我最先想到的是被誉为"诗圣"的杜甫。他的诗内容丰富，带有强烈的时代色彩，被后人称为"诗史"。杜甫草堂是最具特色的杜甫行踪遗迹地，让我们走进这里感受一下千年前"诗圣"的生活吧！

杜甫草堂是唐代诗人杜甫曾经居住过的地方，现位于我国四川省成都市青羊区青华路37号，是我国 AAAA 级旅游景区、首批国家一级博物馆、全国古籍重点保护单位，也是我国规模最大、保存最完整、知名度最高的杜甫行踪遗迹地。

杜甫，字子美，自号少陵野老，是唐代伟大的现实主义诗人，后人称他为"诗圣"，他的诗被称为"诗史"。杜甫年少时家境优渥，过着比较富足的生活。他自幼好学，七岁能诗，年少曾游历吴越，长大后参加科举不顺，无法实现自己的政治理想，在长安十年郁郁不得志。后来在天宝十四年（755 年）迫于生计，做了负责管理兵器的一个小官。安史之乱爆发后，杜甫不得不带着家人由陇右（今甘肃南部）入蜀，辗转来到成都。

在朋友严武等人的帮助下，杜甫在成都西郊的浣花溪畔，建成了一座草堂，称"成都草堂"。杜甫在这里前后居住了近四年的时间。这里远离尘世的喧嚣，四周溪水环绕，使身心疲惫的杜甫得到了暂时的安宁。杜甫在此居住期间创作了 240 多首诗歌，所以后人将这里看作是我国文学史上的一个圣地。

自 765 年好友严武去世后，杜甫就带着家人离开了成都，在他离开之后，杜甫草堂便毁坏了。看到这里大家就会有疑问，如果当时的杜甫草堂已经被毁坏，那么现在我们看到的又是什么呢？

在唐代大历年间（766—779 年），草堂的大部分都被当时四川节度使崔宁的姜室浣花夫人据为己有，成为私宅。五代前蜀时期，诗人韦庄经过努力终于找到了草堂的遗址，为了纪念杜甫，他又重新在此处搭建了茅屋。宋代在此基础上又对草堂进行了重建，并将杜甫的画像挂在墙壁上。在这之后，草堂多次被毁坏，又多次被重建。明清两次大型的重修，为今天我们看到的草堂规模和布局打下了基础。民国时期，军阀混战，草堂成为军队的马厩和医治伤兵的地方，官兵不仅对这里的美景无暇欣赏，更是在没有柴火的时候将匾额、楹联全部取下来烧掉，对草堂的破坏极大。

中华人民共和国成立后，对杜甫草堂进行了整修，并在 1985 年将其更名为成都杜甫草堂博物馆。

整修后的杜甫草堂总占地面积约 300 亩，主要建筑包括正门、大廨、诗史堂、柴门、工部祠等，建筑之间小桥流水与竹林相互掩映，庄严古朴中带着典雅，幽深寂静中透着清丽，景色十分迷人。身在其中，似乎能感受到杜甫当时的生活是多么惬意，林下听鸟、水边踱步、花间品酒、窗前读月，这也难怪他能在四年间写出那么多著名的诗篇。

还记得那首《茅屋为秋风所破歌》吗？"八月秋高风怒号，卷我屋上三重茅。茅飞渡江洒江郊，高者挂罥（juàn）长林梢，下者飘转沉塘坳……"少陵碑亭是杜甫草堂最具代表性的建筑之一，它是一座以茅草为顶的亭子，内有雍正十二年（1734 年）果亲王允礼写下的"少陵草堂"的碑刻，后人常以此作为茅屋的象征。

近年来，杜甫草堂举办的文化活动受到了人们的热烈欢迎，草堂人日、红梅艺展、荷花艺展、草堂听琴等活动将人们带到了美好的风雅古韵之中，找回了内心的宁静。

"风波空远涉，琴瑟几虚张。渥（wò）水出骐骥，昆山生凤凰。"漫步在草堂中，我们仿佛还能聆听到千年前诗圣给我们留下的旷世绝响。

第六章

佛教
圣地

一、佛教雕凿艺术的瑰宝：云冈石窟

千年之前，"叮叮当当"的声音回响在山崖之间，刀、锤、斧、凿在会晤之间抚平了山崖的棱角，粗粝的岩石经过精雕细琢，变成了庄严的法相。这些错落的窟龛中藏着王朝更替、历史兴衰，这就是云冈石窟。

云冈石窟位于我国山西省大同市以西约16千米处的武周山南麓，石窟依山开凿，东西各绵延约一千米。它是中国规模最大的古代石窟群之一，也是中国四大石窟艺术宝库之一，现已经被列入《世界遗产名录》之中。

云冈石窟是在北魏中期开

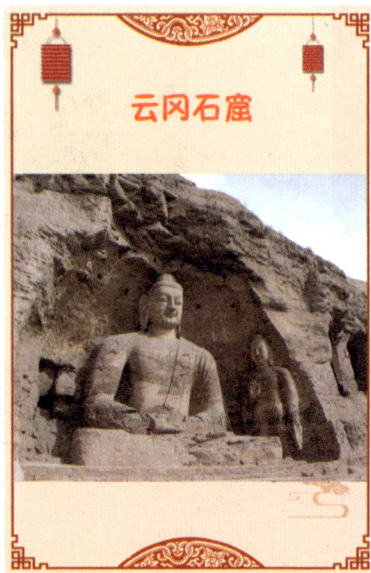

云冈石窟

凿的，那时的北魏在经历了"太武灭佛"之后，又经历了"文成复法"。文成帝和平年间（460—465 年），云冈石窟开始大规模营建，最初由著名的高僧昙曜（yào）主持修建，历时 60 多年才完成。《水经注》中记载了当年开凿云冈石窟的壮景："凿石开山，因岩结构，真容巨壮，世法所稀。山堂水殿，烟寺相望，林渊锦镜，缀目新眺。"

唐朝初期，当时的大同四处呈现出一派萧条景象，受多方面因素的影响，云冈石窟并没有什么大的修建工程。一直到辽金时期，辽皇室对石窟寺进行了延续十年之久的大规模修整。明嘉靖年间（1522—1566 年），石窟寺改名为云冈寺，云冈石窟的叫法由此开始。崇祯十七年（1644 年），闯王李自成起义，烧毁了云冈寺。到了清顺治年间（1644—1661 年），云冈寺才得以重修，康熙帝曾在云冈寺留下匾额"庄严法相"，乾隆年间（1736—1796 年）再次对云冈石窟进行了修葺。

云冈石窟的佛教艺术根据石窟的形制、佛像的内容和样式发展，可分为早期、中期和晚期三个阶段，各个阶段的特色不同。

早期的云冈石窟也就是今天的第十六窟到第二十窟，被称为昙曜五窟。这是最初由高僧昙曜主持开凿的，作为帝王的象征。第十六窟到第二十窟的平面是马蹄形，穹隆顶，外壁满雕千佛。佛像的主要形象为三世佛（过去佛、当今佛和未来佛），佛像大多高大，面部丰满圆润，高鼻深目，双肩齐挺，给人一种雄厚、质朴、矫健之感。这时的雕刻艺术完美继承了汉代的优秀技艺，并吸收了古印度的一些佛教雕刻艺术，形成了这个时期独特的艺术风格。

中期的云冈石窟是在石窟雕凿技艺发展的鼎盛时期开凿的。当时的北魏还没有迁都，政治经济都非常稳定，为了雕凿云冈石窟，北魏将全国的优秀人才全部集中到这里，倾尽国力保证他们能够雕凿出繁复精美的石窟佛像。这个时期的洞窟平面多为方形或者长方形，壁面上下重层，左右分段。佛像的造型更加多样，突出了释迦、弥勒佛的地位，出现了护法天神和供养人等形象，艺术风格汉化明显。

到了晚期，云冈石窟的开凿活动已经基本停止，但是在中下阶层的官吏和信众中开始流行凿窟造像的社会风气，很多中小型洞窟就是在这个时期出现的。这个时期的洞窟多以单个形式出现，不再像之前那样成组，题材多为释迦多宝或者是上面为弥勒、下面为释迦。不管是佛像还是菩萨都一改先前的丰满形象，呈现面相消瘦、长颈、肩窄且下削的特征。这可能和后期北魏推行汉化改革有关。

云冈石窟是石窟艺术中国化的开始，尤其晚期云冈石窟内部的布局和装饰，更加充分地体现了中式建筑风格，对后世佛教雕凿艺术产生了很大的影响。

二、中国石刻艺术宝库之一：龙门石窟

龙门石窟是我国古代人民智慧的结晶。作为我国四大雕刻艺术宝库之一，龙门石窟为我们研究古代的历史、文化、佛教发展、雕刻艺术等提供了丰富的资料。下面就让我们一起走进龙门石窟，静静欣赏它的美吧！

龙门石窟（位于河南省洛阳市洛龙区伊河两岸的龙门山与香山上），是我国现存窟龛最多的石窟，既是全国重点文物保护单位、国家AAAAA级旅游景区，同时也是世界文化遗产。

龙门石窟开凿于北魏孝文帝时期，后经历了东魏、北齐、西

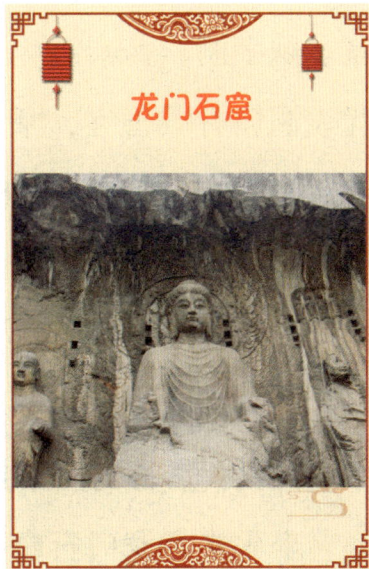

龙门石窟

魏、北周、隋、唐、五代、宋等多个朝代的连续大规模建造，其中北魏和唐代的开凿规模是最大的。

当时佛教兴盛，帝王们相信轮回报应，主张"造佛得佛报"，不惜花费大量的人力、物力、财力为自己和家人打造功德窟。此外，统治者为了巩固政治统治，利用佛教思想控制人民，需要开凿大量的石窟宣扬佛教，再加上从古印度传来的风尚，开凿石窟一度成为社会流行的风气。

龙门石窟开凿于洛阳八大景之冠的龙门山色之中，依峭壁处开凿，南北长达 1 千米，共有 97000 多尊佛像，其中最大的佛像足有 17.14 米高，而最小的只有 2 厘米高。在西山的崖壁上共有大、中型的洞窟 50 多个，其中北魏时期的代表洞窟有古阳洞、宾阳中洞、莲花洞、皇甫公窟、魏字洞、普泰洞、火烧洞、慈香窑、路洞等；唐代的代表洞窟有敬善寺、摩崖三佛龛、万佛洞、惠简洞、奉先寺、净土堂、龙花寺、极南洞等。

东山一般都是唐代的窟龛，大、中型的洞窟有 20 个，比如二莲花洞、看经寺洞、大万伍佛洞、高平郡王洞等。

了解完龙门石窟的历史和基本情况，我们再来游览一下它最具代表性的几个景点吧！

奉先寺是龙门石窟中规模最大、艺术最为精湛的摩崖像龛，因隶属于当时的皇家寺院奉先寺而得名。洞窟中的佛像呈现出唐代佛像的艺术特点，大多面形丰润，双耳下垂，形态圆满安详，表情温和亲切。这里的大型艺术群雕因其宏伟的规模和高超的雕刻技术居于中国石刻艺术巅峰，成为这个时期石刻艺术的代表。

宾阳中洞是北魏时期的代表性洞窟。宾阳的意思是"迎接初升的太阳"，是北魏宣武帝为其父孝文帝做功德而建立的，但因为种种原因，计划建造的宾阳中洞、南洞、北洞三个洞窟中只有中洞是北魏时期建造的，南北两洞都是到初唐时期才完成。洞内为马蹄形平面，穹隆顶，中央雕刻莲花宝盖，莲花周围是八个伎乐天和两个供养人，供奉的主佛是释迦牟尼。这个时期北魏以瘦为美，所以释迦牟尼的面部比较清瘦，脖颈细长，受汉化政策影响，主佛的服饰也发生了变化，变成了宽袍大袖的袈裟。

古阳洞是龙门石窟中开凿最早、佛教内容最丰富、书法艺术最高的一个洞窟。它是由天然的石灰岩溶洞开凿而成的，窟顶为莲花藻井，地面呈马蹄形，主佛是释迦牟尼，面容清瘦，眼中含笑，十分安详。左侧是观音菩萨，右侧是大势至菩萨，两位菩萨同样表情文静、仪态从容。

龙门石窟不仅是佛教文化的艺术表现，它所折射出的政治、经济、文化因素对我们后世研究历史也有很大的帮助，况且石窟中还保留着大量关于建筑、美术、书法、服饰、医药等方面的实物资料，简直是一座包罗万象的大型石刻艺术博物馆！

三、佛教彩塑博物馆：敦煌莫高窟

你有没有仅凭观看一幅图画就有穿越时空的感觉？如果没有，那是因为你没到过敦煌，没去过莫高窟。那里面的壁画似乎能够动起来，千年前人们的生活、娱乐、信仰活灵活现地展现在你的眼前，让你有种身临其境的感觉。

莫高窟，又称千佛洞，坐落于我国河西走廊西端的敦煌，是世界上现存规模最大、内容最丰富的佛教艺术地。它始建于前秦时期，当年有一名叫作乐僔的僧人路过鸣沙山，忽然见到山中金光闪耀，仿佛万佛临世，于是他就在岩壁上开凿了第一个洞窟。

在僧人乐僔之后，法良禅师等人又继续在此修建洞窟，用以修行。他们将这里称为"漠高窟"，取其"沙漠的高处"的说法，后来"漠"和"莫"通用，于是就改称为"莫高窟"了。除此之外，还有一种说法：佛家有言，修建佛洞是一件功德无量的事情，取名"莫高窟"，就是说没有比修建佛洞更高的功德了。

北魏开始，统治者崇尚佛教，石窟修建得到了贵族们的支持，发展很快。随着丝绸之路的繁荣，莫高窟更加兴盛，到武则天时期，洞窟已有上千个之多。唐代安史之乱之后，敦煌虽然先后被占领，但是造像的活动并没有受到影响。到北宋、西夏和元代，洞窟的修建才逐渐衰落下去。元代之后停止继续开凿洞窟，这里逐渐荒废。直到清乾隆年间（1736—1796 年），随着敦煌经济的复苏，敦煌莫高窟又重新受到人们的关注。

莫高窟是由洞窟建筑、彩塑和绘画共同组成的综合性艺术体，共有洞窟 735 个，分布在鸣沙山东麓的崖壁上，其中有壁画和彩塑的洞窟 492 个，没有壁画和彩塑的洞窟 243 个。莫高窟有南北两个区，南区是礼佛活动的场所，北区是僧人居住修行的场所，里面陈列的一般是土炕、灯台等生活设施。

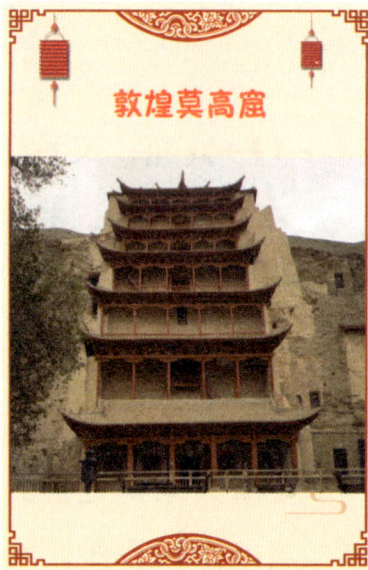

敦煌莫高窟

洞窟的建筑形制主要包括禅窟、中心塔柱窟、佛坛窟等。可以说，莫高窟的各种建筑形制集中体现了佛教在千余年的历史长河中各个时代的特点。

彩塑形式丰富，有圆塑、浮塑、影塑等，最高的34.5米，最小的仅有2厘米，像一节手指那么长。莫高窟中的彩塑题材十分丰富，人物活灵活现，足见当时人们技艺的高超，也正因如此，莫高窟堪称一座佛教彩塑博物馆。

我们经常会在美术书、语文课本中看到敦煌莫高窟的飞天壁画。其实敦煌莫高窟中的壁画远不止飞天这一种，里面不仅有各式各样的佛经故事、山川景致、亭台楼阁等图案，还有人们进行劳动生产时的场面。从这些壁画中，我们可以清楚地了解到当时的政治、经济、文化状况。

敦煌莫高窟在1961年被列为第一批全国重点文物保护单位，在1987年被列为世界文化遗产，每年到这里参观的人络绎不绝。这里丰富的材料为我们了解古代的敦煌和河西走廊的佛教思想具有重要的意义。

四、辉煌瑰丽的皇家寺院：大相国寺

在我国的四大名著里，其中《西游记》和《水浒传》都有这样的故事情节，比如"大相国寺水井通东海""鲁智深倒拔垂杨柳""狄青避难于大相国寺"等，这些故事全都和同一个地点有关，那就是皇家寺院大相国寺。

开封作为我国历史上著名的八朝古都，有着非常悠久的历史和文化。我们今天的主角大相国寺就在这里。

大相国寺是中国汉传佛教十大名寺之一，它与白马寺、少林寺和风穴寺齐名，被称为"中原四大名寺"，对我国的佛教发展有很大的影响。

大相国寺在战国时期本为魏公子无忌，也就是信陵君的住宅。到了魏晋南北朝时期，北齐的文宣帝在此创建了建国寺，后来在战火中毁灭。到了唐代武则天时期，僧人慧云将这里的住宅买下，准备建造寺院。在开始建造的时候，正巧挖出了北齐建国寺的旧碑，于是仍将寺院命名为建国寺，并在寺内供奉了一尊高一丈八的弥勒佛。后来，唐睿宗李旦梦见了建国寺内的弥勒佛，为了纪念自己从相王坐到了皇帝的宝座，他特地下旨将建国寺改名为相国寺，并亲笔写下了"大相国寺"的牌匾。可惜后来因为黄河水患，这块牌匾已经不存在了，我们现在能看到的牌匾是由已故的书法家赵朴初老先生书写的。

唐宋两代是大相国寺发展的鼎盛时期，尤其在北宋时，大相国寺成为开封最大的佛寺。当时的统治者对其进行扩建，扩建之后的大相国寺更加庄严绚丽，满院的花卉，当时被人们赞为"金碧辉映，云霞失容"。自此，大相国寺成为皇帝日常观赏美景、向佛祖祈祷、举办寿庆以及进行外事活动的重要场所，被誉为"皇家寺"。可惜北宋之后，大相国寺日趋萧条，尤其明代黄河水泛滥，开封被淹没，大相国寺遭受了严重的破坏，直到清代才重新修建，我们今天看到的大相寺就是清代乾隆帝在原址上修建的。

现存大相国寺的主体布局为中线轴对称的布局，主要建筑有大门、天王殿、大雄宝殿、八角琉璃殿、藏经楼、罗汉殿、大师堂等，其中的天王殿、大雄宝殿、罗汉殿和藏经楼是最具代表性的建筑。

天王殿由绿琉璃瓦做顶，飞檐挑角，殿中有一尊弥勒佛像坐于中央，他是传说中的未来佛，将作为释迦牟尼的接班人来到人间。在他的两侧站着的是四大天王，分别是持珠握蛇、以站得高看得远闻名的广目天王，手拿红色宝伞、以见多识广闻名的多闻天王，手拿宝剑、维护世间善良之心的增长天王和怀抱琵琶、以弹奏八方乐曲维护万国和平的持国天王。这四个天王庄严威武，我们在《西游记》中常能看到。

大雄宝殿以其雕梁画栋、金碧辉煌的建筑特色闻名，周围白石栏杆的柱桩上还雕刻着几十头小石狮子。大雄宝殿气势恢宏，堪称建筑中的瑰宝，被誉为"中原第一殿"。

罗汉殿因其八角造型而被人们俗称为"八角琉璃殿"。殿中间供奉着一尊四面千手千眼的观音菩萨像，俗称"千眼千手佛"。这尊佛像材料之珍贵、做工之精巧世间少见，为大相国寺镇寺之宝。

藏经楼是古代珍藏经卷的地方，但是因为各种天灾人祸，大量经卷丢失，目前只剩下相国寺传法手卷八帧，存放在开封博物馆中。

作为一座弘扬佛教文化的寺院，大相国寺在弘扬中国传统文化的精神倡导下，不断地进行兼容并蓄，丰富着自己的文化内涵，也正因如此，它才能风光至今，受人们欢迎。

五、摩崖石刻的慈悲佛祖：乐山大佛

　　它是举世闻名的千年古佛，它是世界上最大的石刻弥勒佛，人们这样形容它："山是一尊佛，佛是一座山。"它就是乐山大佛。相传乐山大佛极为慈悲，有闭眼流泪的奇观，你知道是怎么回事吗？让我们一起揭开这个谜底吧！

　　乐山大佛又名凌云大佛，位于四川省乐山市凌云寺旁，靠近岷江、青衣江、大渡河三江汇流处，与乐山城隔江相望。它是世界上最大的石刻弥勒佛，通高 71 米，肩膀的宽度为 24 米，头的宽度为 10 米，耳朵长 7 米，嘴巴和眼睛长为 3.3 米，眉毛和鼻子长为 5.6 米，脖子高 3 米，手指长 8.3 米，从膝盖到脚背的长度是 28 米，脚背宽 8.5 米，脚面可围坐百人以上。

　　乐山大佛最早是从唐玄宗开元初年（713 年）开始建造的。最初建造的原因是岷江、青衣江、大渡河汇聚在凌云山麓，水势非常凶猛，使得航行的船舶经常翻船，尤其是到夏天的雨季，常会上演船毁人亡的惨剧，当时的海通禅师为了缓解水势、普度众生，开始召集人修凿乐山大佛。

可是，在乐山大佛刚刚修到肩膀的时候，海通禅师就去世了，致使整个工程一度中断。多年之后，在朝廷官员的捐助下，海通禅师的徒弟们继续带领工匠修造大佛，经过三代工匠的努力，乐山大佛才完成。

纵观整个乐山大佛，佛头与山平齐，脚好似踩在江上，双手抚膝，神态庄严肃穆，又呈现出佛家的慈悲精神。在它两边的沿江崖壁上，还有两尊身高超过 16 米的护法天王石刻，形成了一佛二天王的格局。与此同时，和天王石刻共存的还有数百龛上千尊石刻造像，汇聚成庞大的佛教石刻艺术群。当我们站在乐山大佛的脚下抬头仰望时，会有非常震撼的视觉体验！

关于乐山大佛有一个传说，那就是著名的乐山大佛闭

眼流泪事件。据说在我国遭受了"三年自然灾害"之后，大佛不忍心看到这样的人间悲剧，便痛苦地闭上眼睛默默流泪。而到了 1963 年灾情好转的时候，大佛又重新睁开了眼睛。1976 年唐山大地震死伤无数，大佛又流下了眼泪。人们都说大佛流泪是为了警示人们灾难的发生。

看到这里，大家是不是觉得很神奇，难道真的是佛祖慈悲显灵了吗？

其实大佛闭眼全是酸雨的缘故。酸雨能够使非金属建筑材料表面硬化，出现空洞和裂痕，损坏建筑物，同时还会导致建筑变脏、变黑，这种情况被人们称为"黑壳"效应。乐山大佛处在四川盆地，空气污染加上空气中湿度较大，引发了酸雨，而大佛闭眼正是"黑壳"效应的体现，导致佛像的眼睑变黑，多个地方的表皮脱落，看起来就有一种大佛闭眼的视觉效果。而大佛之所以后来睁开眼，是因为政府对其进行了全面修整。

那么大佛为什么会流泪呢？这就不得不提到乐山大佛巧妙的排水系统了。大佛的双耳和脑袋后面有多个排水沟，胸部背侧两端各有一个洞穴，这些水沟和洞穴形成了科学的排水、通风、隔湿系统，千百年来保护着大佛不被侵蚀风化，这才使得我们今天还能看到较为完好的乐山大佛。乐山大佛"闭眼流泪"的奇特景象只是因为它在"排水"。

乐山大佛目前已经被列入《世界遗产名录》，其本身拥有浓郁的佛教文化底蕴，具有极高的历史价值！

第七章

帝王
陵墓

一、千古一帝之墓：秦始皇陵

秦始皇是中国历史上杰出的政治家、军事家，他建立了中国第一个统一的多民族中央集权制国家。这样一位叱咤风云的千古一帝，不仅为后人留下了万世基业，还留下了一座神秘的皇家陵园。你们想知道这座陵园中蕴藏着怎样的秘密吗？让我们来一探究竟吧！

秦始皇是秦朝的开国皇帝。史籍记载："秦王扫六合，虎视何雄哉；挥剑决浮云，诸侯尽西来。"秦始皇先后灭掉了韩、赵、魏、楚、燕、齐六个诸侯国，成功统一了中国。他是中国历史上第一个使用"皇帝"这个称呼的君主，自称"始皇帝"。

关于秦始皇，人们对其评论不一，有褒有贬。有人称他为拥有雄才大略的霸主，有人称他为草菅人命、暴虐无道的暴君，他的功绩和暴行都无可否认。出于对长生不老的强烈追求和希望在死后依然享受荣华富贵的迫切愿望，秦始皇除了派人出海寻找长生不老药之外，在即位的第一年就开始修建自己的陵墓，历时 39 年才最终完工。

秦始皇陵位于我国陕西省西安市，它的规模之宏大、陪葬品之丰富为历代帝王陵墓之首。当时的丞相李斯为主要设计者，共征用了 72 万人完成。整个皇陵的修建总共可以分为三个阶段：第一阶段从秦始皇即位开始到一统六国，这期间初步奠定了陵墓的基本格局和规模；第二阶段从一统六国到秦始皇三十五年（前 212 年），这期间完成了陵墓的主体建筑工程；第三阶段从秦始皇三十五年到秦二世第二年（前 208 年）冬天，这期间是陵墓的收尾阶段，但是这并不代表陵墓已经完工，只是由于当时发生了农民起义，作为监工的大将军章邯需要上战场，秦陵的收尾工作不得不暂时中止了。

秦始皇陵有内外两重夯土城垣，陵冢呈覆斗形，建造时仿照了秦国都城咸阳的布局，呈"回"字形。整个陵园可分为南北两个狭长的长方形城垣，内城中间有一道东西向的夹墙，正好将内城分为南北两部分。封冢位于内城的南半部，是整个陵园的核心。陵园的地面建筑主要分布在封冢的北侧，陪葬坑则在封冢的东西两侧，这样的布局突出了地宫和封冢的中心位置，显示了当时君尊臣卑的传统思想。

在整体布局上，秦始皇陵和其他皇陵还有一点不太一样，那就是秦始皇陵有严密的防盗系统。相传秦始皇陵地宫的周边填上了一层很厚实的沙子，形成沙海，这样就能防止盗墓者通过挖洞进入墓室。当然这只是一个传说，其真实性无法考证，但是关于秦始皇陵中设有暗弩却是有史可查的。司马迁在《史记》中明确记载了秦始皇陵中设有暗弩的机关，并且还有与暗弩相配合的陷阱。除此之外，秦始皇陵地宫中还有很多水银，其蒸发散出的毒性气体，可令盗墓者中毒身亡。由此可见，秦始皇陵的防盗系统非同一般。

秦始皇陵按照层次划分为地宫、内城、外城和外城以外的地方，主次十分鲜明。内城为重点建设的区域，地宫、寝殿和诸多陪葬坑都在内城南半部，而北半部多为便殿和后宫人员的陪葬墓区。外城区域的地下设施最为密集，有大量文物在此出土。外城之外多为士兵陪葬品和马厩陪葬品等。

在秦始皇陵中出土了大量的文物，比如青铜器皿、兵马俑坑、彩绘的陶俑、百戏俑以及陶、铜制成的动物等，其中最著名的要数震惊世界的秦始皇陵兵马俑了，它被称为"世界第八大奇迹"。目前秦始皇陵被列入了《世界遗产名录》，成为全人类共同的财富。

　　作为中国第一座皇家陵园，秦始皇陵也是世界上最大的地下皇陵，规模之大、陪葬品之丰厚极为少见。更多关于秦始皇陵的秘密还有待进一步探索，相信在不久的未来，千年前的真相一定会被人们揭开。

二、神秘的山洞宫殿：满城汉墓

因出土金缕玉衣而闻名天下的满城汉墓是西汉中山靖王及其妻子窦绾之墓，这座汉墓的发现被评为"中国 20 世纪 100 项考古大发现"之一，震惊世人。通过对其不断探索，西汉时期的繁荣景象渐渐浮现在我们眼前。

满城汉墓位于河北省保定市满城区的陵山，共有两座，分别是西汉中山靖王刘胜及其妻子窦绾的墓葬，这两座汉墓是中国保存最完整、规模最大的以山为陵的墓葬。

西汉中山靖王刘胜是汉景帝刘启的儿子，也是汉武帝刘彻的庶兄，在汉景帝前元三年（前 154 年）被封为中山王，统领中山国 42 年左右。刘胜和他妻子的汉墓于 1968 年被发掘出来，两座汉墓都是坐南朝北，且规模宏大，采用以山为陵的建造方式，墓道和墓室都是凿山建成的，整体呈弧形。从平面布局上看，两个墓基本相同，都有墓道、甬道、南耳室、北耳室、中室和后室六部分，墓室中还分别修建了木质结构的瓦房和石板房，这样的组合就形成了两座功能齐全的地下宫殿。

刘胜墓墓洞共长 51.7 米，最宽处 37.5 米，最高处 6.8 米，总容积约为 2700 立方米。其中，中室又称前堂，是修建在岩洞中的瓦顶木结构建筑，非常宽阔，富丽堂皇，象征着墓主人生前宴饮宾客的大厅。后室又包括石门、门道、主室和侧室，其中主室和我们现在的主卧类似，象征内寝，里面有汉白玉铺成的棺床，上面放着刘胜的棺椁；侧室在主室的南侧，象征盥洗室，是提供洗漱沐浴的地方。整个汉墓中设有完整的排水系统。为了防止被盗，墓道中先是用石块填满，而后在墓道外口处堆砌了两道土坯墙，并在墙上浇灌铁水进行密封。

窦绾墓位于刘胜墓的北边，墓洞共长 49.7 米，最宽处 65 米，最高处 7.9 米，总容积达 3000 立方米。窦绾墓不论是从规模还是从开凿工艺来说，都超过了刘胜墓。窦绾墓的整体布局和刘胜墓相似，但是库房和车马房比刘胜墓要大。封墓的时候，外口在两道砖墙之间，然后用铁水浇灌进行封闭，这个方法比刘胜墓封闭得更加紧密牢固。

两个汉墓内除了停放了刘胜和窦绾的棺椁之外，还有华丽的陈设和奢侈的陪葬品，目前发掘出土的各类文物有一万多种，其中包含了 4000 多件金银器、玉石器、铜器以及铁器等精品。铜器之中以长信宫灯、错金铜博山炉最为珍贵。

更加值得一提的是在刘胜、窦绾墓中发现的保存完好的金缕玉衣，震惊了世界。金缕玉衣也称"玉匣""玉柙"，是汉代皇帝以及高级贵族死后穿的殓服，从外观上看和人体形状相似。皇帝和一部分近臣的玉衣是用金线缕结的，所以称为金缕玉衣。刘胜墓出土的金缕玉衣全长 1.88 米，用了 2498 片玉片，约 1100 克金丝。窦绾墓出土的金缕玉衣全长 1.72 米，用了 2160 片玉片，约 700 克金丝。这两件玉衣做工精细，玉片整齐严密，颜色协调，是目前发现年代最久远的玉衣，曾赴欧、亚、美等 30 多个国家和地区进行展览，受到了国内外一致的高度赞誉。

满城汉墓的发掘向人们展示了西汉时期诸侯王的墓葬结构和埋葬制度，其中出土的各种文物更是反映了当时高超的冶炼、锻造、纺织等技术，为我们研究西汉的政治、经济、军事、文化提供了重要的历史文物资料。

三、天下名陵：唐昭陵

　　唐太宗李世民在世人眼中一直是一个很有争议的人，杀兄弑弟是他一辈子无法洗清的污点。但作为一名贤明的君主，他虚心纳谏、力行节俭，带领国家走向强盛，开创了著名的"贞观之治"。今天就让我们走进唐昭陵，感受一下大唐盛世下皇家陵墓的王者气度。

　　唐昭陵是唐太宗李世民和文德皇后长孙氏的合葬陵墓，位于我国陕西省咸阳市礼泉县烟霞镇九嵕（zōng）山的主峰上，是我国的 AAA 级旅游景区，也是唐代最具有代表性的一座帝王陵墓，被世人称为"天下名陵"。

　　唐太宗贞观十年（636 年），文德皇后病危，临终前留下遗言，称要薄葬自己。唐太宗遵照遗言，将她临时安葬在九嵕山新凿的石窟中，并决定将这里也定为自己的归宿，等他驾崩之后，与皇后合葬。唐太宗为陵墓取名昭陵，取其"集帝王之气""文治武功"歌功颂德之意。

当然，昭陵的选址并非草率而定，而是经过系统缜密的研究才决定的。中国古代有风水之说，人们认为陵墓的风水会影响家族和子孙后辈的运势，因此对陵墓的选址十分慎重。九嵕山满足了帝王陵墓应具有的所有风水条件，后来的堪舆家普遍认为昭陵的风水是历代帝王陵墓中最好的。除去风水

唐昭陵

的原因，在这里建陵墓的另一个原因就是唐太宗听从大臣的建议，不劳民伤财或使得盗贼生心，故以山为陵，并不在陵内藏金玉，这样既节俭民力又能防盗。

自首葬文德皇后起，唐朝便开始了大规模的陵墓营建工程，一直持续了107年之久，最终建成周长为60千米，占地面积200平方千米的唐昭陵。唐昭陵内有190余座陪葬墓，是我国历代帝王陵墓中规模最大、陪葬墓最多的陵墓。

唐昭陵的布局和前朝各代都不同，是仿照唐长安城的

建制设计的，主陵位于整个陵园的最北面，其余 190 多座陪葬墓以陵山的主峰为轴心，呈扇形分布在陵山的两侧和正南面。和长安城的整体布局一样，帝王居住的地方在北面，而朝臣贵族则居住在南面，这种设计体现着"君主至高无上"的思想。

九嵕山属石灰岩质，非常容易被风雨侵蚀，再加上后来的战乱，致使陵山上很多建筑都被破坏了。唐昭陵祭坛的东西两个庑房内有六匹石刻骏马浮雕像，这就是著名的"昭陵六骏"，东西两边各三匹，背靠后檐墙而立。这六匹骏马分别名为特勒骠、青骓、什伐赤、飒露紫、拳毛䯄（guā）和白蹄乌。每一匹马的姿态和神情都不一样，身上的线条简洁有力，显得十分威武，造型栩栩如生，展示了唐代高超的雕刻艺术。

唐昭陵是初唐走向盛唐的见证，它的存在向后人展示了大唐盛世曾有的繁荣景象，作为唯一一个有栈道的帝王陵墓，它在中国乃至世界的帝陵建制史上都享有独特的地位。

四、皇家墓葬群：明十三陵

　　说到帝王陵墓，你们知道世界上埋葬皇帝最多的墓葬群是哪里吗？没错，它就是明十三陵。明十三陵中埋葬着 13 位皇帝、23 位皇后、2 位太子、30 多位妃嫔以及 1 位太监。但明朝实际上有 16 位皇帝，那么另外三个的陵墓在哪里呢？

　　明十三陵是明朝 13 位皇帝的陵墓，位于北京市昌平区天寿山南麓，处在东、西、北三面环山的小盆地中，陵前是一条蜿蜒的小河。

　　明朝自开国以来共有 16 位皇帝，但是埋葬在明十三陵中的却只有 13 位，这是为什么呢？让我们一起来了解一

明十三陵

下吧!

明太祖朱元璋建立明朝后定都南京,死后便葬在了南京的明孝陵。第二任皇帝建文帝朱允炆因叔父朱棣打到南京而不知所踪,所以没有陵墓。第七任皇帝朱祁钰因为兄长英宗皇帝朱祁镇被俘而仓促上位,后来英宗被放回来发动了"夺门之变",成功将皇位夺了回来。朱祁钰被害死,英宗不承认朱祁钰是皇帝,将他原本修建在天寿山区域的陵墓也毁坏了,转而以王的身份将他下葬在了北京西郊的玉泉山。这就是明十三陵中只有13位皇帝葬在天寿山的原因。

明十三陵是对明朝迁都北京后13位皇帝陵墓的总称,这13座陵墓按时间顺序排列,分别是长陵、献陵、景陵、裕陵、茂陵、泰陵、康陵、永陵、昭陵、定陵、庆陵、德陵、思陵。

明长陵是明朝第三位皇帝明成祖朱棣和皇后徐氏的合葬陵墓,在十三陵中建筑规模最宏伟,营建时间最久远,也是保存得最完好的一座陵墓,共占地12万平方米,布局呈前方后圆的格局。

明献陵是明朝第四位皇帝明仁宗朱高炽和皇后张氏的陵寝,这座陵寝的制度比较简朴,为此后的明陵建筑做了榜样。

明景陵是明朝第五位皇帝明宣宗朱瞻基与皇后孙氏的合葬陵寝，是明十三陵中最小的陵寝，只有2.5万平方米，在中轴线上依次有祾恩门、祾恩殿、三座门、棂星门、石供案、方城、明楼等建筑。

明裕陵是明朝第六位皇帝明英宗朱祁镇和皇后钱氏、周氏的合葬陵寝。英宗去世之前下令废除人殉的制度，由此结束了中国古代残酷的宫人殉葬的历史。

明茂陵是明朝第八位皇帝明宪宗朱见深和王氏、纪氏、邵氏三位皇后的合葬陵寝。这座陵寝在清初时保存尚好，而且殿内的陈设也保存较多。

明泰陵是明朝第九位皇帝明孝宗朱祐樘及皇后张氏的合葬陵寝，又称"施家台"或"史家山"。泰陵的部分建筑在清康熙年间就已经有所损坏。

明康陵是明朝第十位皇帝明武宗朱厚照和皇后夏氏的合葬陵寝。建陵的时间只用了一年，布局沿袭前制，在明末时曾遭到烧毁，后来在清乾隆年间进行过整修。

明永陵是明朝第十一位皇帝明世宗朱厚熜（cōng）及陈氏、方氏、杜氏三位皇后的合葬陵寝。这座陵墓与之前的七座陵墓相比规模更加宏大。在古代，陵园规模的大小，取决于陵园殿庑、明楼及宝城的规格。《大明会典》记载，永陵宝城直径为81丈，祾恩殿为重檐七间，左右配殿各九间，其规制仅次于长陵，超过了献陵、景陵、裕陵、茂陵、泰陵、康陵六陵的制度。另外，永陵还筑造了一个前七座陵墓都没有的外罗城。外罗城内，左列神厨，右列神库各五间，还仿照深宫永巷之制，建有东西长街。

可以说，明永陵规制宏阔，用料奢华。明隆庆《昌平州志》称其"重门严邃，殿宇宏深，楼城巍峨，松柏苍翠，宛若仙宫。其规制一准于长陵，而伟丽精巧实有过之"。

明昭陵是明朝第十二位皇帝明穆宗朱载垕（hòu）及其三位皇后的合葬陵寝，也是十三陵中第一座大规模复原修葺的陵园。

明定陵是明朝第十三位皇帝明神宗朱翊钧及两位皇后的陵墓，它是十三陵中唯一一座被发掘了的陵墓。

明庆陵是明朝第十四位皇帝明光宗朱常洛和皇后郭氏、王氏、刘氏的合葬陵寝。

明德陵是明朝第十五位皇帝明熹宗朱由校和皇后张氏的合葬陵寝。

明思陵是明朝第十六位皇帝明毅宗朱由检的陵墓，这本是毅宗宠妃田贵妃的园寝。明朝灭亡后，李自成命人将明毅宗及皇后周氏合葬于田贵妃之墓。这是明十三陵中唯一一座帝后与妃嫔合葬之陵。

明十三陵作为中国乃至世界帝后陵寝最多的一处皇陵建筑群，具有很高的历史价值。如果有机会，大家可以亲自去那里看一看，相信你们一定会为这座巨大的帝王陵墓群感到震撼！

五、清朝皇陵的秘密：清东陵和清西陵

距离我们现在最近的朝代清代，共有三处陵墓群，一处是在沈阳的关外三陵，一处是在河北遵化的清东陵，一处是在河北保定的清西陵。为什么清代的陵墓在入关之后还要分成两个呢？让我们一起来了解一下吧！

清东陵和清西陵是清代的帝王陵墓，在这两座陵墓群中埋葬着除去努尔哈赤、皇太极、溥仪以外的九位皇帝。下面我们分别来了解一下这两处神秘的陵墓群吧！

清东陵位于河北省遵化市，是我国现存规模最宏大、体系最完整、布局最得体的帝王陵墓建筑群，是国家AAAAA级旅游景区，也是世界文化遗产。

清东陵的占地面积约为80平方千米，其中包含5座皇陵，即顺治帝的孝陵、康熙帝的景陵、乾隆帝的裕陵、

咸丰帝的定陵以及同治帝的惠陵，4 座皇后陵、5 座妃园寝、1 座公主陵，总计埋葬皇后 15 位、妃嫔 136 位、阿哥 3 位、公主 2 位，共 161 人。

清东陵从入关后的第一位皇帝顺治帝的孝陵开始营建，历时三年竣工。康熙帝的嫡皇后驾崩后，开始筹建景陵，埋葬康熙帝妃嫔的景陵妃园寝成为清朝在关内修建的第一座妃园寝。后来康熙帝在孝陵的东边为孝惠章皇后兴建陵寝，首开清代为皇后单独建陵的先河。

雍正帝原将自己的墓地选在遵化境内的九凤朝阳山，但后来却将其废除，另外选址营建，这才有了清西陵。关于他这样做的原因有很多说法，有的说是因为雍正帝觉得原本的地址风水不好，所以听从大臣的意见另外建陵，也有的说是因为雍正帝篡改了先帝遗诏，不敢面对先帝，所以才另外建陵。事实究竟如何，我们现在已无法考证。

雍正帝的这种做法可给儿子乾隆帝出了难题。如果乾隆帝将自己陵墓建在清西陵，便唯恐葬在清东陵的先祖受到冷落；如果

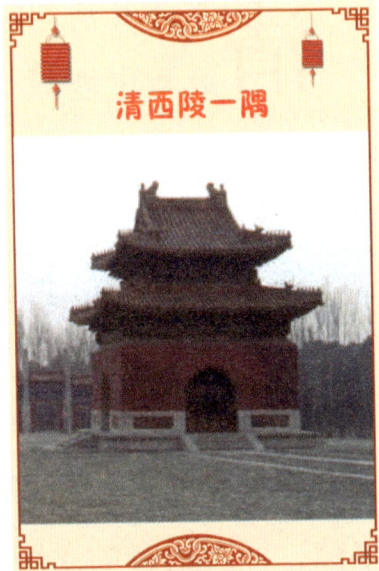

清西陵一隅

将陵墓建在清东陵，又担心自己的父亲雍正帝受到冷落，一时间进退两难。后来为了解决这个问题，乾隆帝便立下了"父东子西，父西子东"的建陵规则，后人皆按照这个规则建陵。

清东陵的整体布局以顺治帝的孝陵为中轴线，按照居中为尊、长幼有序、尊卑有别的观念，其余皇帝的陵寝根据山的走势，在孝陵的两侧呈扇形东西排列开来，顺治帝左边是康熙帝的陵寝，次左边是同治帝的陵寝，右边是乾隆帝的陵寝，次右边是咸丰帝的陵寝，突出了长者为尊的伦理观念。后妃的陵寝都在本朝皇帝陵的旁边，表明它们之间的从属关系。

清西陵位于河北省保定市易县，占地面积800多平方千米，共有14座陵墓，包括4座皇帝陵墓，即雍正帝的泰陵、嘉庆帝的昌陵、道光帝的慕陵和光绪帝的崇陵，以及3座皇后陵。此外，还有怀王陵、公主陵、阿哥陵、王爷陵等，总计埋葬80人。

清西陵规模宏大、体系完整、环境优雅、景色宜人，参天古树与千余间宫殿建筑交相辉映，彰显皇家陵墓的大气庄严。清西陵的总体布局和清东陵基本一致，以雍正帝的泰陵为中心，其余陵寝分布在东西两侧。陵墓中严格遵守皇室建陵制度，皇帝、皇后的陵墓都是用黄色琉璃瓦做顶，公主、嫔妃和王爷的陵寝屋顶则使用绿色琉璃瓦或灰布瓦，不同的建筑形制形成了不同的景观和风格。

2000 年，清西陵和清东陵一起被列入《世界遗产名录》。清东陵和清西陵中蕴含着丰富的历史信息，对我们研究清代陵寝制度、丧葬礼仪和建筑风格等都有着重要的意义。

第八章

民族
遗产

一、世界屋脊上的明珠：布达拉宫

坐落在世界屋脊青藏高原上的布达拉宫，是世界上海拔最高并集宫殿、城堡和寺院于一体的宏伟建筑。它神圣又美丽，代表着西藏的民族文化。千百年来，这座令世界震撼的高原圣殿吸引了无数人的到来。

布达拉宫被誉为世界屋脊上的明珠，位于西藏自治区首府拉萨市西北的玛布日山上，它是西藏的标志性建筑，是我国的重点文物保护单位、国家AAAAA级旅游景区，也是世界文化遗产之一。

布达拉在梵文中的原意是"佛教圣地"。布达拉宫的建立要追溯到1300多年前吐蕃王朝藏王松赞干布时期。当时，松赞干布为了迎娶唐朝的文成公主，特地在红山上修建了包含千间宫殿的三座九层楼宇。这些宫室中装有金铃、珍珠网等物品，可媲美天宫，取名红山宫。随着吐蕃王朝的灭亡，红山宫又遭受到战乱和雷击等自然灾害的袭击，规模逐渐变小，甚至曾经被纳入大昭寺。

1645 年，五世达赖为了巩固政教合一的政权，决定重建布达拉宫。1690 年，为了给五世达赖喇嘛修建灵塔殿，扩建了红山宫，历时三年竣工。后来历代的达赖喇嘛相继增建了 5 个金顶和一些附属的建筑物，到 1936 年十三世达赖喇嘛的灵塔殿建成，布达拉宫已经基本达到了今天我们看到的规模。

布达拉宫海拔 3700 米，占地总面积 36 万平方米，建筑面积约为 13 万平方米。主楼共有 13 层，高 117 米，内含宫殿、灵塔殿、佛殿、经堂、僧舍、庭院等。

布达拉宫的整体是石木结构，地基在下方岩层之中，宫殿的外墙由花岗岩砌成，有 2~5 米厚，数十米高，中间用铁水进行浇筑，提高了墙体的抗震能力。屋顶和窗檐是木质结构，屋檐下面的墙面用鎏金铜瓦作装饰，上面是佛教法器式八宝的图案，带有浓厚的藏传佛教的特色。内部长廊交错，空间曲折莫测。

从外面看上去，布达拉宫气势恢宏，白色的花岗岩墙体，金碧辉煌的屋顶，以及巨大的鎏金宝瓶和红幡，红、白、黄三种颜色交相辉映，迷人的藏族古建筑风情扑面而来。

布达拉宫的主体由东边的白宫和中间的红宫组成，白宫是达赖喇嘛居住的场所，共高七层，因外墙为白色得名；红宫主要是佛殿以及历代达赖喇嘛的灵塔殿。红宫的前面有一堵白色的墙面，那就是晒佛台，一般是在重大的佛教节日用来挂大幅的佛像挂毯的。当然，除了红宫和白宫之外，布达拉宫还有很多附属建筑，比如朗杰札仓、僧官学校、僧舍、东西庭院等。

布达拉宫的内部绘有大量的壁画，主要题材有藏传佛教的发展史、五世达赖喇嘛生平和文成公主进藏过程等，十分精美。

布达拉宫是我们中华民族古建筑的精华，是佛教寺庙和宫殿完美结合的代表，其所蕴含的重大历史和宗教意义非同一般。

当我们双脚踏上布达拉宫的那一刻，它的伟岸、肃穆、神秘将会震慑到我们的心灵，仿佛世间的一切美好都凝聚于此。让我们的心归于平静，静静地聆听来自远方的佛音吧！

二、藏式宗教建筑的千古典范：大昭寺

在我国美丽的西藏地区，不仅有充满神秘色彩的布达拉宫，还有在藏传佛教中拥有至高无上地位的大昭寺。它为什么会有这么高的地位呢？让我们来一探究竟吧！

大昭寺是位于拉萨老城区中心的一座藏传佛教寺院，是西藏现存最辉煌的吐蕃时期建筑之一，也是西藏最早的木结构建筑。

大昭寺兴建于吐蕃王朝最鼎盛的时期，由松赞干布建造，最初名为"惹萨"（藏语中羊叫"惹"，土为"萨"，为了纪念千只白羊驮土建寺的功劳，故名"惹萨"），又名"祖拉康""觉康"。相传建造它的目的是供奉当年由尼泊尔尺尊公主从加德满都带到西藏的释迦牟尼8岁等身像。大昭寺的整体布局开创了藏式平川式的寺庙布局规式，经过后世多次整修、扩建等，最终形成了今天占地2.51万平

方米的规模。

大昭寺的布局结构和汉族中原地区的佛教寺院不同，它的主殿是坐东朝西的，主殿有四层高，两边有配殿，从布局结构上再现了佛教中曼陀罗坛城的宇宙理想模式。

大昭寺的建筑多为金顶，且利用斗拱，是典型的汉族风格建筑，而寺内的碉楼、雕梁等则是典型的西藏样式。寺内拥有各种木雕和壁画，在主殿二、三层的檐下，有按顺序排列的 103 个木雕伏兽和人面狮身像，墙上有近千米长的文成公主进藏图和大昭寺修建图等藏式壁画。

大昭寺内的建筑物主要包含弥勒佛殿、观音菩萨殿、祖孙三法王殿、度母殿、宗喀巴及其八大弟子殿、八药师佛殿以及无量光佛殿等。

弥勒佛殿的主尊是一尊小而精致的弥勒佛像。在当年每次进行传召大法会期间，都会有人抬着这尊佛像沿八阔街转经游行。佛像的左右两侧立着的是文殊菩萨和观音菩萨。墙边有四尊呈愤怒相的护法神守护着这座佛殿。门的右边是四大天王之一的多闻天王，左边是财神詹巴拉。

观音菩萨殿的主尊是骑在一头狮子上的小观音菩萨像，其余五尊菩萨像都是观音菩萨的不同化身。

祖孙三法王殿的主尊是藏王松赞干布，他的左边是藏王赤松德赞，而右边是藏王赤祖德赞。这三位都是在吐蕃鼎盛时期执政的藏王，在他们的大力扶持之下，佛教才能在这里传播、发展和繁荣，所以称他们为西藏历史上的三大法王，也称祖孙三法王。

大昭寺内有丰富的典藏文物。寺内的木雕极为罕见，只能在大昭寺内看到。这些经历了1000多年的木雕，已经变化得像铁一样坚硬了，如果受到敲击，还能听到金属的声音，十分神奇。除此之外，大昭寺内的佛像也非常有名，其中最有名的两尊佛像分别是传说掌管西藏风调雨顺的强巴佛和由文成公主带来的释迦牟尼12岁等身像。

作为藏式宗教建筑的千古典范，大昭寺的重要性不言而喻。它是藏传佛教的百科全书，也是成千上万佛教徒的信仰圣地。如果你有幸来到这里，请保持一颗虔诚的心去领略佛教文化的魅力。

三、伊斯兰教建筑群：回族清真寺

回族是我国地域分布最广泛的少数民族，他们的清真寺有很鲜明的民族特色，也是伊斯兰教文化与中国本土传统文化融合发展的象征。今天就让我们来看看这神圣庄严的伊斯兰教建筑群是什么样吧！

清真寺也称礼拜寺，是伊斯兰教信徒礼拜的地方，也是穆斯林举行宗教功课、举办宗教教育和宣传宗教活动的场所。

在唐宋时期，清真寺被称为"堂""礼堂""祀堂""礼拜堂"等，元代以后称为"寺""回回堂"。明代把伊斯兰教称为"清真教"，所以它的礼堂就被称为"清真寺"，一直沿用至今。

在唐宋时期，中国清真寺的建筑风格主要是阿拉伯式的，全部使用砖石进行堆砌，在平面布局、外观造型和细节的处理上都有很明显的阿拉伯伊斯兰教的风格。唐宋时期的清真寺以广州怀圣寺、泉州清净寺、杭州真教寺和扬州礼拜寺最为出名，被人称为"中国四大古寺"。

到了元代，清真寺不管是在规模还是数量上都远超唐宋时期，虽然外观上还保留着阿拉伯建筑的形式，但是内部已经开始逐步向中国传统建筑布局和砖木结构转变，最终形成了中阿混合的建筑形式。现存的北京牛街礼拜寺、西安化觉巷清真寺、河北定州礼拜寺以及上海松江清真寺等都是典型的中阿合璧式建筑形制。

目前我们见到的中国的清真寺，大多数是元代以后，特别是明清时期创建或重建的。明清时期的清真寺受中国建筑风格的影响已经非常大了。此时的清真寺大多采用中国传统的合院式建筑形制，以独立院落和对称布置为主，通常以礼拜殿为中心，两侧设立不同院落，共同形成完整的院落群体。

比如，北京牛街清真寺，寺内现存主要建筑均于明清时期修筑，是典型的采用汉式传统建筑形式修建的清真寺。寺院对面是一座汉白玉底座灰砖影壁，是中心线的起点。在中心线上，依次是正门、望月楼、礼拜殿等建筑，两侧是邦克楼、碑亭等建筑。整座寺院左右对称、和谐有序，具有中国古典建筑的独特韵味。

　　清真寺作为伊斯兰教文化的传播中心，不管是在节日
还是平时，都会有很多前来参加礼拜的外国人。它的存在
为我们研究伊斯兰教文化和中国传统文化的融合发展具有
重要意义。

四、彩云之南的象征：崇圣寺三塔

崇圣寺三塔作为国务院首批公布的全国重点文物保护单位，是大理的标志和象征，也是南诏国和大理国时期佛教文化繁荣的见证者，展现了古代大理人民高超的建筑艺术水平。

崇圣寺三塔位于我国大理古城的西北部，西面对着苍山应乐峰，东面对着洱海。它是大理文献名邦的象征，是云南历史文化的象征，也是我国南方最古老最宏伟的建筑之一。

崇圣寺三塔最早建于南诏王劝丰祐时期，主要由一大二小三阁组成，最先搭建的是大塔千寻塔，又称文笔塔，是一座典型的密檐式空心四方形砖塔，共十六层。南北有两个小塔，为八角形密檐式空心砖塔，都是十层。

当年之所以会修建这三座塔，除去佛家宣传原因之外，还有另一个非常重要的原因，那就是大理的水患比较多，古时人们比较迷信，觉得有水患是因为龙王捣乱，世人觉得龙害怕塔，所以就建造了这三座塔震慑龙王，希望这里不再发生水患。这个说法在《金石萃编》中得以印证："世传龙性敬塔而畏鹏，大理旧为龙泽，故为此镇之。"

千寻塔作为主塔，全称法界通灵明道乘塔，通高 69.13 米，是我国少有的层数较多的偶数层塔，也是现存唐塔中最高的塔之一。全塔自下而上分为三部分，分别是塔基、塔身和塔刹。塔身屹立在三层高的台基之上，从外面看来并非垂直向上的，而是自上而下微微向内收，中间略有凸起的曲线，类似梭形。千寻塔每一层四面都有龛，相对的两个龛中供奉着佛像，另外两个龛是窗洞，每相邻的两层窗洞的方向都是相互错开的，这样不仅能够保证塔内的通风和采光，还能增强塔的稳固性。

南北两小塔的形制基本相同，各高 42.17 米。从外面看形状类似锥形，但是外观却装饰成阁楼的样式，两层以上每个角都有柱，每一层都设平座，并用砖砌出模拟木结

构建筑中斗拱的样式。除了第二层的佛龛内置红砂石雕佛像外，其他各层的佛龛都会用浮雕式的祥云或者宝瓶之类的佛教崇拜物进行装饰。

三座塔布局和谐、浑然统一、气势雄伟，颇有古朴的民族特色。

崇圣寺三塔内保存的佛像、写本佛经、铜镜、药物等文物，为我们研究南诏、大理时期的历史、文化、宗教提供了宝贵的资料。

"崇圣礼佛，和美人生。"如果有机会，一起来这里感受一下佛教文化的洗礼吧！